深圳证券交易所
SHENZHEN
STOCK EXCHANGE
金融衍生品丛书
主编 王建军

期权交易策略管理

像对冲基金经理一样思考

THE OPTION
TRADER'S HEDGE FUND
A BUSINESS FRAMEWORK FOR TRADING EQUITY AND INDEX OPTIONS

[美] 丹尼斯·A. 陈　马克·塞巴斯蒂安　著
　　（Dennis A. Chen）　（Mark Sebastian）

深圳证券交易所衍生品丛书编译组　译

机械工业出版社
China Machine Press

图书在版编目（CIP）数据

期权交易策略管理：像对冲基金经理一样思考 /（美）丹尼斯·A.陈（Dennis A. Chen），（美）马克·塞巴斯蒂安（Mark Sebastian）著；深圳证券交易所衍生品丛书编译组译. —北京：机械工业出版社，2019.4（2023.1重印）
（深圳证券交易所金融衍生品丛书）

书名原文：The Option Trader's Hedge Fund: A Business Framework for Trading Equity and Index Options

ISBN 978-7-111-62366-3

I. 期… II. ①丹… ②马… ③陈… III. 期权交易-研究 IV. F830.91

中国版本图书馆 CIP 数据核字（2019）第 054812 号

北京市版权局著作权合同登记　图字：01-2019-0398 号。

Dennis A. Chen, Mark Sebastian. The Option Trader's Hedge Fund: A Business Framework for Trading Equity and Index Options.

ISBN 978-0-13-282340-1

Copyright © 2012 by Pearson Education, Inc.

Simplified Chinese Edition Copyright © 2019 by China Machine Press.

Published by arrangement with the original publisher, Pearson Education, Inc. This edition is authorized for sale and distribution in the Chinese mainland (excluding Hong Kong SAR, Macao SAR, and Taiwan).

All rights reserved.

本书中文简体字版由 Pearson Education（培生教育出版集团）授权机械工业出版社在中国大陆地区（不包括香港、澳门特别行政区及台湾地区）独家出版发行。未经出版者书面许可，不得以任何方式抄袭、复制或节录本书中的任何部分。

本书封底贴有 Pearson Education（培生教育出版集团）激光防伪标签，无标签者不得销售。

期权交易策略管理：像对冲基金经理一样思考

出版发行：机械工业出版社（北京市西城区百万庄大街22号　邮政编码：100037）	
责任编辑：冯小妹	责任校对：殷　虹
印　　刷：涿州市京南印刷厂	版　　次：2023年1月第1版第2次印刷
开　　本：170mm×242mm　1/16	印　　张：15
书　　号：ISBN 978-7-111-62366-3	定　　价：69.00元

客服电话：(010) 88361066　68326294

版权所有·侵权必究
封底无防伪标均为盗版

| 推荐序 |

我担任吉姆·克莱默（Jim Cramer）慈善信托公司的研究部主管和联席投资组合经理以来，不断在探寻更有效的方式来监管资金并提高回报。尽管这是一家传统的做多基金公司，但是也有必要掌握应用知识，了解所有资产类别以及它们对更广阔市场和交易心理的影响。毫无疑问，在当今市场的资金管理中，其中一个最有力的指标就是波动率。

波动率作为一个资产类别，在市场中发展迅速。相关指数和产品已经被引入交易和对冲中，并被当作预测机制在使用。

财经媒体普遍把波动率指数（VIX），或CBOE波动率指数视为市场"恐慌"指标。一般来说，当波动率指数上升时，股票会下跌，反之股票上涨。更重要的是，波动率指数和以波动率为基础的产品将整个市场带入新的进化阶段。

20世纪90年代早期，芝加哥期权交易所开始了对波动率的学术研究。如今，波动率指数已经演变成一种基于标普500期货和期权的产物，更准确地刻画投资者对未来市场波动率的预测。2008年下半年的金融危机后，市场崩溃，隐含波动率激增，此时的市场参与者将波动率当作分散投资的工具。现在，其他交易所也发展了自己的期货和衍生产品，涉及多种资产和商品，包括货币、黄金和石油。

马克·塞巴斯蒂安（Mark Sebastian）是交易波动率衍生品的真正专家。在面对一些复杂市场的技术细节问题时，他的分析以及简化问题的能力首屈一指，能分解数学与量化的复杂问题，使问题变得简单易懂。马克会促使你用不同方式去思考期权和期货市场，而且这些方式通常会脱离你的思维舒适地带。

马克与好友丹尼斯·A.陈（Dennis A. Chen）一起创作了这本书，并说服丹尼斯在书中分享管理对冲基金时用到的框架和步骤。因此，这本书会让你从现实世界的角度去认识期权交易业务。

阿尔伯特·爱因斯坦（Albert Einstein）曾说过："任何一个聪明的傻瓜都可以把问题搞得更大、更复杂、更激烈。而朝相反方向前进，则需要一点点天分以及很大的勇气。"马克和丹尼斯总能神奇地提出一些创意策略，鼓励投资者去深入研究并真正理解衍生产品世界。我认为，他们的想法、策略、框架和概念精巧却又便于理解和实施，是在竞争中获胜，取得优于平均回报的无价之宝。

本书是一个独特的工具。它详细阐释了投资者如何像顶级波动率专家一样，运用针对市场走向、时间和波动指数的主要策略，有效地识别并管理头寸。这本书还鼓励投资者依照自己的个性去制订交易计划和准则，独特如其作者。

本书引人入胜，是每个专业投资人的藏书阁里必不可少的指导书。这本书最大的看点集中在方法论、风险控制和合理有效的资金运作——这些也是资金管理与交易成功的基石。

祝您投资顺利！

斯蒂芬妮·林克（Stephanie Link）

研究部主管，投资组合经理，战略副总裁

The Street 公司㊀

㊀ TheStreet.com 是美国知名财经网站。它于 1996 年由吉姆·克莱默和马丁·佩雷茨成立。

| 前言 |

写作本书的想法萌生于2010年的拉斯维加斯。当时马克和我致力于发展各自的业务，我们一起参加了一个会议。马克是OptionPit.com网站的创始人、首席运营官和教育主管，也是芝加哥期权交易所和美国证券交易所的做市商。人们可以在CNBC、福布斯商业以及彭博社看到他，《华尔街日报》也会引用他的观点。他还是TheStreet.com网站期权收益版块的重要贡献者。总而言之，他是期权交易领域的专家。而我更像是幕后工作者，就像克格勃或者中央情报局的特工。到现在为止，只有我的对冲基金公司的合作伙伴才知道我平时在做什么。我以期权交易为生。我是Smart Income合伙公司的联合创始人和首席投资官。这是一家通过期权交易为合伙人持续创造利润的对冲基金公司。我在沃顿商学院获得工商管理硕士学位，并在贝恩公司担任管理咨询师，同时也是一名企业家，这让我拥有金融服务和保险等多个领域的经验。

马克和我都对交易期权盈利充满激情。我们读过很多关于期权和期权交易的书籍，这些书中大部分都在回答期权"是什么"。这些书叙述得很好，也提供了有用的信息。但是，你很少能看到一本教你"如何"在期权交易业务中赚钱的书。如何构建期权交易业务的框架？如何将一个系统付诸实践？如何真正上手交易？如何持续盈利？交易期权之外，如何构建业务？

鉴于市面上这些内容的空缺，我们决定编写这本书。我们相信它可以带来关于期权交易的不同观点。本书结合了我们的亲身经历，可以帮助你在期权交易中取得成功。我们会具体教你"如何"交易期权，并提供一个运营框架。这本书的内容基于我管理运营 Smart Income Partners 公司的经历，而 Smart Income Partners 公司就是依靠期权交易让合伙人每月持续获利的。我们就是用保险公司的方式管理基金，采用保险公司的商业模式。本书中我们会分享"一人保险公司"的概念，简称 TOMIC。Smart Income Partners 公司就是采用 TOMIC 框架运营的。

这本书还包含了马克的宝贵见解，这些见解凝结了他在芝加哥期权交易所和纽约证券交易所的做市经验以及在 OptionPit.com 网站指导学员的经验。我必须说，马克提供了迄今为止最棒的期权培训课程，这么说并不是因为他是我的朋友及合著作者。我强烈推荐 OptionPit.com 这个网站，而且我个人也是其注册专业会员。马克的言论一贯发人深省，并且他在期权交易方面有所突破，你可以去附录 C 中了解其服务。

我要提醒你，这本书并不适合作为期权交易的启蒙书。这本书面向已掌握期权应用知识的读者以及期权交易者。如果你是期权交易方面的新手，我们建议你先看一看其他期权启蒙书，然后再读此书。当读者对期权有了一定了解后，读这本书会比较有收获。

一个必要的小声明：本书仅用于教育目的。这本书反映了 Smart Income Partners 公司的经营理念。但由于监管限制，这本书并没有任何关于 Smart Income Partners 公司的营业信息，也没有任何公司商业意图。公司的基金只通过私募融资备忘录对合格投资者进行一对一的融资。如果你想了解 Smart Income Partners 公司的具体信息，可以直接通过电子邮件 dchen@smart-advisors.com 联系我。

我和马克感谢你阅读本书，我们希望这本书可以帮助你建立盈利的期权投资组合。

丹尼斯·A.陈

2012 年 1 月

致谢

这本书结合了这些年来我们积累的投资经验,很多人和机构在有意或者无意之间,直接或者间接地为本书提供了素材。衷心感谢以下人员和机构为我们出版此书所分享的宝贵经验。

- 亚当·帕里斯(Adam Paris),OptionPit.com网站联合创始人
- 亚历山大·埃尔德(Alexander Elder),投资顾问、《以交易为生》(*Trading for a Living*)的作者
- 吉米·博伊德(Jim Boyd),金融时报出版社执行编辑
- 谢利·克拉克(Cheri Clark),金融时报出版社文字编辑
- 贝琪·哈里斯(Betsy Harris),金融时报出版社项目编辑
- 哈利·斯特罗恩(Harry Strachan),贝恩国际顾问公司以及中美洲公司合伙人
- 杰里米·西格尔(Jeremy Siegel),沃顿商学院经济学教授、《股票长线法宝》(*Stocks for the Long Run*)作者
- 克里·洛沃恩(Kerry Lovvorn),投资顾问

- Livevol 公司
- OptionVue 公司
- 保罗·海沃德（Paul Hayward）、迈克尔·肖尔（Michael Shore）、妮娜·尹（Nina Yoo）和 CME 集团企业通信团队
- 罗比·加西亚（Robbie Garcia），Smart Income Partners 公司联合创始人
- 罗伯特·沃尔伯格（Robert Walberg）、斯蒂芬妮·林克（Stephanie Link）、吉尔·玛兰蒂诺（Jill Malandrino）和 The Street 公司
- 肖恩（Shawn）和谢莉·豪顿（Shelly Howton），维拉诺瓦大学教授
- 芝加哥商业交易所（The Chicago Mercantile Exchange）
- 芝加哥期权交易所（The Chicago Board Options Exchange）
- 美国期权行业协会（The Options Institute）
- 金融时报出版社协助此书出版的团队
- TD Ameritrate 公司和 ThinkorSwim 公司

| 引言 |

投资的世界非常广阔。你可以投资股票、债券、期权、固定资产、定期存单、商品或者期货。无论你想把金钱和时间投入哪个领域，建立一个管理投资的框架都是非常明智的。本书提出一个让期权交易盈利的框架，该框架已被一家期权交易对冲基金使用。对于想交易期权的投资者，本书提供了路线图。我们提供了一个关于如何成功经营期权交易的指引，还分享了我们自身的经验，这些经验来自于专业的对冲基金经理（丹尼斯·A.陈）和前做市商及交易教练（马克·塞巴斯蒂安）在业务中的积累。

如果你在阅读本书，你可能已经拥有交易期权的经历。我们不会教你如何设立对冲基金或者是如何投资对冲基金。如果你想设立对冲基金，会有其他书籍做指导。这本书简要介绍了Smart Income Partners这一特定的对冲基金是如何成功交易期权为其合伙人盈利的，这家公司由本书作者之一丹尼斯·A.陈经营，专门交易期权。

在丹尼斯的对冲基金中，他以不同的视角看待期权交易。他以保险公司的视角来看待业务，而非对冲基金。当被问到"你做什么谋生"这个问题时，大部分对冲基金经理会说"我管理对冲基金"或是说"我管理资金"。当别人问丹尼斯这个问题时，他会回答说，"我为金融保险公司管理风险。"我们将引入"一人保险公司"，即TOMIC的概念。TOMIC是丹尼斯用来经营和指导其对冲基金的业务框架。任何人都可以使用TOMIC框架去管理期权投资组合。你也可以。后面几页我们将介绍这个概念，解释该框架，并说明如何像丹尼斯在他的对冲基金中那样去管理你的期权交易。同时，你也会在整本书中学到一些他们职业生涯中的重要心得。

本书第一部分"框架"讲述TOMIC的结构细节。

第1章"保险业务"是对保险业务的概览，并与对冲基金理解其期权交易的方式进行对比。这一章将回顾传统保险公司的价值链，并与一人保险公司的价值链进行对比。读者将了解成功地运营TOMIC所需要的关键因素，会更好地理解TOMIC的业务。

第2章"交易选择"，为TOMIC选择交易提供指引。读者将了解有关市场选择、交易方向、时间的把握、波动率和定价的内容。这五个因素中的每一个都会影响交易者的交易选择，也就是TOMIC的承保功能。这是交易期权赚钱的关键。

第3章"风险管理"，回顾了TOMIC承担的风险，以及如何管理这些风险以避免最终的损失。这一章讨论了头寸规模、资金管理、多样性、防范黑天鹅事件以及退出交易。

第 4 章"交易执行",讲解了如何执行交易,如何有效地完成。这一章使读者更好地理解下单前应该注意哪些情况,以及如何下单才能获得更好的交易。

第 5 章"交易计划",讨论了拥有计划的重要性,并描述了建立交易计划的过程。

第 6 章"交易基础设施",讲述了成功运营期权交易业务所需的所有工具和服务。

第 7 章"学习过程",描述了反馈机制的重要性,还包括关于保障期权交易收益所必需的支持性功能的建议。

本书的第二部分是"业务实际操作",我们让读者感受一下如何执行交易。这一部分展示了对冲基金做过的交易实例,读者可以在自己的 TOMIC 中执行。这一部分会讲到如何交易垂直价差、铁鹰式、蝶式、日历价差以及比率价差。

第 8 章"理解波动率",讲解了执行 TOMIC 所需要了解的波动率知识。

第 9 章"常用策略",详细讲述了 TOMIC 最常用的五种策略,并提供了使用每一种策略的核心条件。

第 10 章"运营:充分了解 TOMIC 1.0",为创立 TOMIC 1.0

提供指引。如何创立你自己的 TOMIC 呢？这一章提供了答案。

第三部分"交易大厅中关于波动率的经验"选取了马克·塞巴斯蒂安为 OptionPit.com 撰写的一些博客，其中也包括丹尼斯·A.陈的几篇。这一部分包括了在不同方面的期权陷阱中吸取的教训。这一部分提供了关于风险管理、波动率、交易、执行以及希腊字母方面的建议。

阅读本书后，读者可以更好地理解构建可盈利的期权投资组合的保险公司的框架。创建了期权交易业务后，你可能会重读本书，因为经历过真正的交易之后会有更多的见解。市场在不断变化。我们鼓励读者持续学习，每天提高交易水平。这本书是一个指引，而你要走出你自己的路。

目录

推荐序
前言
致谢
引言

第一部分　框架

第 1 章　保险业务 / 3
保险公司如何盈利 / 6
保险公司的亏损如何产生 / 10
保险业务成功的因素 / 11

第 2 章　交易选择 / 17
市场选择 / 19
策略选择 / 27
时间范围 / 28
波动率 / 28
定价 / 29

第 3 章　风险管理 / 31
风险管理 / 32
资金管理 / 33

头寸规模管理 / 35
分散投资 / 36
调整不同交易 / 37
可处理的风险 / 38
购买保险，防范黑天鹅事件 / 40

第 4 章　交易执行 / 45

市场条件 / 46
评估潜在的实际波动率 / 46
评估隐含波动率 / 47
评估合约月份 / 49
评估偏度 / 49
评估其他产品 / 50
交易 / 51
订单录入 / 52

第 5 章　交易计划 / 59

心态 / 60
遵循交易流程的重要性 / 62
交易计划应该回答的问题 / 66

第 6 章　交易基础设施 / 69

风险资本 / 69
交易平台（经纪人）/ 71
组合保证金 / 74
信息资源和其他分析工具 / 75
专用空间 / 77
备用计划 / 77

第 7 章　学习过程 / 79

交易日志 / 79
参谋者 / 83

第二部分　业务实际操作

第8章　理解波动率 / 89
　　波动率产生的原因 / 90
　　三个维度 / 92
　　波动率和模型 / 97

第9章　常用策略 / 99
　　垂直价差 / 100
　　铁鹰式期权 / 104
　　平值铁蝶式期权 / 112
　　日历价差或时间价差 / 121
　　正向和反向比率价差 / 128

第10章　运营：充分了解TOMIC1.0 / 135
　　交易计划 / 136
　　执行交易计划 / 139

第三部分　交易大厅中关于波动率的经验

第11章　交易大厅中关于波动率的经验 / 145
　　理解标普指数期权的加权vega / 145
　　利用偏度 / 148
　　VIX现货下跌时的4个建议 / 149
　　如何发现并追踪波动率偏度 / 150
　　标普指数的偏度：相对性 / 151
　　理解铁鹰期权的隐含波动率 / 153
　　偏度指数的层级 / 154

第 12 章 交易大厅中关于风险控制的经验 / 159

现金持仓 / 159
纸牌游戏价值 / 160
为什么期权交易很难上手 / 161
期权的时间价值如何衰减 / 163
何时开始降低投资组合风险 / 166
度假时如何交易 / 166

第 13 章 交易大厅中关于交易和执行的经验 / 169

所有人都应该知道为订单流付费的问题 / 169
何时应担心被指派行权 / 171
成功卖出 SPX 日历价差的例子 / 175
交易蝶式期权要注意的地方 / 177
指数期权蝶式组合双翼宽度 / 179
妥善平仓的重要性 / 181
如果以交易谋生，需要多少资金 / 183
专注的重要性 / 184

第 14 章 交易大厅中关于其他希腊值的经验 / 187

当隐含波动率上升时，实值期权与虚值期权的
　gamma 如何变化 / 187
为何需要加权期权投资组合 / 189
倒卖 gamma 获利策略 / 191

第 15 章 开端 / 203

附录 A　推荐读物 / 207
附录 B　策略学习顺序 / 213
附录 C　OptionPit.com / 215
附录 D　风筝价差 / 217

| 第一部分 |

THE OPTION TRADER'S HEDGE FUND

框 架

| 第 1 章 |

保险业务

本章将介绍如何运用保险公司架构来成功开展期权交易业务。丹尼斯（本书作者之一）管理的对冲基金也用到这一架构。我们为这本书建立了"一人保险公司"（the one man insurance company，TOMIC）的概念。你将从本书了解到保险业务的运作，好的、坏的方面和丑陋之处，还有保险公司如何盈利，如何亏损，以及业务核心利益来源和成功的关键因素。

保险合理地将风险从一个实体转移到另一个实体，以换取一定补偿，即保险费。保险公司承担其他实体本需承担的风险来获得保险费，以此盈利。例如，你有一辆汽车时，可能会买一份汽车保险以保护自己不会因车辆偷窃或事故等蒙受重大损失。保险公司每年收取保险费，使你免受巨额损失。保险公司会以支付赔偿金的形式来保证投保人的财产完整性。想要合理运作,保险公司必须了解愿意承担何种风险,同时也需要知道收取多少保险费才能够在承担风险下盈利。例如,保险公司需要知道同车型同年限的汽车曾经被盗窃和发生事故的数据,然后根据这些信息制定赔偿额度和保险费,以便从卖出大量汽车保险中盈利。

保险公司通用的价值链如图 1-1 所示。

图 1-1 保险公司价值链

保险公司主要职能如下。

- 承保:定义并选择所需担保的风险。
- 定价:确定承担风险所需的保险费。
- 再保险业务:处理或重新分配不想要的风险。
- 索赔处理:与客户沟通并赔付损失。
- 客户获取:销售保险单。
- 投资业务:通过准备金(浮存金)赚取额外收入。

在承保中,保险公司选择愿意去承担的风险。这需要定义风险的特征并且分析风险统计结果。例如,一家财产和意外事故保险公司需要了解汽车保险市场,决定承保市场中哪种类别的客户。通过分析,可能会发现 24～36 岁已婚女士驾驶的小型 SUV 中,仅有 1% 会发生事故,而 SUV 车型总体平均事故率为 5%。因此,保险公司可能会决定将市场中事故率低的人群纳入其保险单的组合中。

定价决定承担一定风险所需要的保险费。在前例中，保险公司为24～36岁已婚女士驾驶的小型SUV的保险费定价，使其带来的预期收益为正。他们定价的预计回报为该年保险费的20%。

再保险业务是将不想要的风险处理掉或重新分配。为了分散风险，保险公司从其他同行或再保险公司处买保险。事实上，再保险就是将不想要的风险转移到其他愿意承担该风险的实体（再保险公司）以获得赔偿额。例如，一家财产和意外事故保险公司（名为"汽车保险公司"）在旧金山湾区有许多车险客户。这家保险公司不愿意承担投保车辆因地震被全部毁坏的风险，只愿意赔偿小事故或者盗窃所受到的损失。但如果大型灾难（地震）发生，其担保的所有车辆均会受到损失。于是，它从一家专门从事自然灾害保险的再保险公司处购买地震险。该再保险公司愿意承担地震灾害的风险。如果大地震发生了，由于再保险公司会进行理赔，汽车保险公司可以用这些赔偿金去支付其客户因汽车受损的索赔，而自身不会遭受任何损失。所以，在这个例子中，是再保险公司承担了地震风险，而不是汽车保险公司。

索赔处理职能需要保险公司确定损失并向投保人支付索赔。在前例中，索赔处理部门派出保险理赔员到事故现场评估损失并开始处理索赔。这其中不但涉及赔偿，而且涉及客户服务，理赔员需要处理投保人的理赔并提供优质服务，以此留住客户。

保险代理人或经纪人执行客户获取的职能。他们负责保险单的销售。代理人可分为独家代理人和外部代理人。获取客户的渠道包括代理机构（办公室）、电话或网络。营销部门和客户服务部门也会协助执行客户获取的职能。

投资业务是保险公司的利润中心。保险可带来两类利润：承保利润和投资利润。承保利润直接来自保险单，即支付赔偿金后的保险费盈余。投资利润通过投资保险费和投资保险单成交时所提存的保险准备金而获得。也有人认为投资利润来源于保险公司"浮存金"产生的收益。沃伦·巴菲特是投资专家，他所在公司伯克希尔－哈撒韦的保险业务，例如政府雇员保险公司（GEICO）和通用再保险公司（General Re）的保险业务，被要求提存一定数额的保险准备金。沃伦·巴菲特利用这些保险准备金来投资盈利。这些就是来自投资业务的利润。

保险公司如何盈利

保险公司通过承保和投资运营赚钱。承保利润来自于替客户承担风险的保险销售，投资利润则是以投资回报的形式体现。TOMIC 的所有利润几乎都来自于承保业务。TOMIC 也可以通过投资获得利润，但是本书不会讲解这部分内容。

下面介绍保险公司通过销售汽车保险盈利的例子。ABC 汽车保险公司每年承保 10 000 辆平均价值为 20 000 美元的汽车，平均每辆车的年保险费是 1 000 美元。该公司每年需处理 1 000 起索赔，平均每笔索赔金额为 4 500 美元。该公司保险业务的利润为 5 500 000 美元。

总盈亏如下：

收取的保险费 =10 000 000 美元；10 000 辆车 × 1 000 美元保险费
发生赔款 =（4 500 000 美元）；1 000 起索赔 × 4 500 美元索赔成本

利润 =5 500 000 美元；来自保险承保业务的利润

当然，总利润还需要减除管理费用。另外，在 ABC 公司等待支付索赔额时，可以用收到的保险费进行投资，以获得更多利润。因此，假设 ABC 可以通过投资获得其保险费 3% 的利润并且浮存金（还没有用于支付索赔的保险费）平均维持在 2 750 000（=5 500 000/2）美元，那么公司将额外有 82 500 美元的投资收入。

ABC 公司通过收取足够多的保险费，并在赔付后仍有所剩余来盈利。ABC 公司盈利的关键在于承保风险时的技巧。20 岁开双门跑车的单身男性需要比 30 岁开商旅车的已婚女性支付更高的汽车保险费。这样的定价结果，是由 ABC 公司的承保人通过对不同客户类型及不同车型的出险情况进行统计估算得出的。

那么，你现在可能会疑惑，为什么卖出期权的对冲基金和保险公司有类似的运作方式呢？期权交易商如何通过效仿保险公司的每项业务来盈利呢？请继续阅读接下来的内容。我们将讲解如何像经营保险公司一样交易期权。表 1-1 将展示汽车保险与卖出期权的比较。

1. 两者必须都有一个保险标的。在汽车保险中，被保险的标的是汽车。在期权交易中，被保险的标的是股票、指数或者期货。

2. 每份保险合同只在一定期限内有效。汽车保险的有效期一般为 12 个月。而期权的到期日取决于所买卖的期权种类，期限长短从 1 个星期到 30 个月不等。该例所示的期权为 30 天后到期。

3. 在汽车保险中，投保数额是汽车价值。在表 1-1 中，汽车价值 20 000 美元。在期权交易中，行权价相当于投保数额，表 1-1 为 90 美元。这意味着认沽期权买方在期权到期前有权利以 90 美元每股的价格卖出 XYZ 股票。这就像是汽车保险：如果一辆价值 20 000 美元的车因事故造成 4 500 美元的损失，保险公司需要为投保人支付修理费，使得投保人的投保车辆价值依旧保持在 20 000 美元。

表 1-1 汽车保险与卖出期权的比较

	汽车保险		卖出期权	
1	保险资产	汽车	标的资产	XYZ 股票（市价 100 美元）
2	保险期限	12 个月	期权到期时间	30 天
3	保险价值	20 000 美元	行权价	90 美元
4	免赔额	2 000 美元（保险价值的 10%）	虚值比率	10%（卖出 90 美元的认沽期权时，XYZ 价格为 100 美元）
5	保险费	1 000 美元	权利金	3 美元
6	赔付率	10%	盈利概率	90%
7	索赔	有：支付索赔额 没有：继续持有保险费	到期	ITM[①]：期权卖方必须支付 90 美元购买 XYZ 股票 OTM[②]：期权卖方留权利金
8	再保险	从其他公司处购买保险以防止灾难性损失（比如海啸）	对冲	买入 XYZ 虚值更多的认沽期权或者认沽指数期权来防止更大的市场损失（如 9·11 事件）

① ITM：实值期权，指具有内在价值的期权。
② OTM：虚值期权，指不具有内在价值的期权。

4. 为了支付更少的汽车保险费，在签署保险合同时，车主愿意承担一定风险而接受一定额度的免赔额。在本例中，车主愿意自行支付总索赔中的 2 000 美元。因此，如果事故汽车需要 4 500 美元的修理费，投保人将自行支付其中的 2 000 美元并从保险公司处得到 2 500 美元的赔偿。这类似于卖出虚值期权。期权买方花更少的资金购买保护性认沽期权，即如果 XYZ 股票价格下跌，他愿意自行承担 10% 的损失。因此，他购买的是行权价 90 美元而不是行权价 100 美元的认沽期权。这意味着如果 XYZ 股票价格下跌 0～10 美元，即 10% 以内，持有认沽期权到期不会得到任何回报，他将承担 XYZ 价格下跌 10% 的亏损。

5. 期权交易和投保一样都需要支付一笔额外费用，叫作权利金（保险费）。在本例中，车主需要支付1 000美元为他的汽车投保12个月，而期权买方需要支付3美元以确保30天内其100股XYZ股票的价格至少为90美元。

6. ABC汽车保险公司的保险精算表上会标有赔付率。在本例中，ABC公司赔付率为10%，意味着汽车保险部分预计平均索赔支出占保费收入的10%。期权卖方在卖出期权时，通过分析模型得出XYZ认沽期权到期无价值的概率是90%。后面章节会强调承保在运行保险业务中的重要性。

7. 在汽车保险中，如果投保人遭受损失提出索赔，保险公司就要进行赔付，如果投保人零索赔，保险公司也就零赔付。在第二种情况下，保险公司留存所有保费而盈利。同理，如果认沽期权合约到期时是实值，期权卖方需花90美元从期权买家手中购买XYZ股票；如果合约到期时期权是虚值，即XYZ在期权到期时价格高于90美元，那么卖方保有收到的权利金。

8. 大多数保险公司都会对部分风险进行再保险。在本例中，ABC公司可能为它所承保的所有车辆从再保险公司处购买地震和海啸保险，以此规避大灾难带来的风险。因为如果海啸发生，赔付率有可能从10%飙升至接近100%。因此，对大型灾难进行再保险是一个好的选择。同理，期权卖方可以通过购买行权价更低的认沽期权（虚值）或者购买虚值的市场指数认沽期权（标普500）来规避大型灾祸（例如，9·11事件、金融危机或总统被刺杀）所造成的损失。因此，认沽期权卖方用类似保险公司再保险的方法规避了灾难性损失。

以上说明了卖出认沽期权和运营保险公司的相似点。一人保险公司 TOMIC 的业务就是从期权买方处收取权利金，承担期权标的市场的风险，并随着时间损耗而盈利。

保险公司的亏损如何产生

了解这项内容非常重要。现在，已经清楚保险公司如何盈利后，下面让我们聊聊保险公司是如何赔钱的。保险业务非常奇妙，但要确保自己明白这项业务，并且了解其中的风险。

保险公司可能会因为投资或者所销售的保险合同而亏损。投资亏损是公司浮存金（准备金）的亏损。所销售的保险合同造成的亏损，也就是承保亏损，来自那些需要赔付的保险合同。当赔付金高于收取的保险费，就造成承保亏损。保险公司低估了所承担的风险而错误定价，则会带来亏损。因此，想要在保险业务中避免亏损，了解所承担的风险是极其重要的。

保险公司最重要的职能就是承保。承保人对风险进行选择和定价。他们需要从精算角度，确定保险单预期收入为正。例如，一份人寿保险中，承保部门需要计算 40 岁不吸烟的健康男性能活到多少岁。掌握这些信息后，他们可以为这类人群的寿险保费进行定价，使公司得到正预期收益。

如果定价错误，会导致实际赔付率比预期高，那么公司就会亏损。在这种情况下，公司支付的赔付金就比收取的保险费还要高了。

保险业务听起来简单，但事实上并非如此。首先，公司会对它想要承保的类别预估亏损概率。接着，基于预估，保险公司确定可以获利的保费。然后，保险公司就可以销售保险收取保险费，并在保险合约过期前或者意外事故发生前用收到的保险费进行投资。最后，如果意外发生，公司支付索赔；如果没有意外发生，公司可将所有保险费收入囊中。

你可能会问，保险行业有何丑陋之处吗？从整体来看保险行业还不错。但是，很多风险无法预估。例如，2008年经济危机时，美国国际集团（AIG）几乎破产，美国政府帮助其渡过难关。美国国际集团当时卖出了信用保险和信用违约互换作为抵押贷款支持证券的保险。但是，由于没有正确预估风险，当次贷危机爆发时，该公司被卷入困境。在没有清晰了解所承担风险的情况下，该公司卖出了 4 500 亿美元的信用保险。当次级贷款开始违约，AIG 承保的抵押贷款支持证券开始出问题，而 AIG 已陷入流动性陷阱无法提供足够的流动性去支持其赔付。由于在承保时没有考虑清楚风险而没有收取足够的保险费，该公司很快陷入困境。事实上，AIG 在不了解次贷风险危害程度的情况下将自身置于非常大的风险敞口中，没能正确管理投资组合的风险。这场灾难几乎搞垮了整个金融系统。这就是丑陋之处。

保险公司卖出一张"纸"（保险合同），承诺以未来的赔付来换取当下的现金。谁知道未来会不会赔付，但是大部分情况下，保险公司的收入高于支出。

保险业务成功的因素

保险公司想要成功，需要正确处理四个核心要素。

1. 风险选择：确定愿意承担的风险，也就是说，需要擅长承保和定价。

2. 风险管理：管理风险，对不想要的风险进行再保险，并且有效管理索赔。

3. 风险获取：签订保险合同，通过多种销售渠道和有效的市场营销吸引客户，卖出保险单。

4. 投资操作：用准备金（或浮存金）赚取不错的收益。

回顾价值链，如图1-2所示，当把传统的保险公司价值链和TOMIC简化价值链做比较时，你会发现它们的功能与成功因素是相同的。TOMIC的投资运作非常简单。TOMIC的法定准备金以货币市场基金或现金的形式留存。

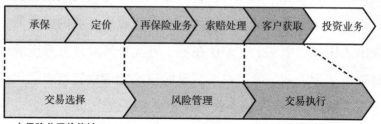

图1-2 传统保险公司价值链与TOMIC价值链的比较

TOMIC价值链有三个主要功能。

1. 交易选择：包含承保和定价。选择交易的市场和策略。

2. 风险管理：包含货币管理、交易规模、对冲（再保险）、交易调整（索赔）和交易决策。

3. 交易执行：相当于传统保险公司的客户获取。如此，TOMIC在期权交易所卖出期权（保险单）。

任何保险公司想要盈利，都要管理好以下几个成功的驱动要素。在一人保险公司 TOMIC，需要持续监管好这些要素，避免糟糕结果。

1. 交易选择。这包括选择市场、为风险定价以及选择策略和时间框架。好事达保险公司（Allstate）和州立农业保险公司（State Farm）要挑选它们出售房屋保险的地区，这与 TOMIC 的程序是一样的。不同点在于，保险公司选择不同地域的家庭，TOMIC 选择想要卖期权的标的指数或股票市场。举几个例子，期权标的可以是标普 500 指数（SPX）、罗素 2 000 指数（RUT）、纳斯达克 100 指数（NDX）、道琼斯工业平均指数（DIA）、苹果公司（APPL）、国际商业机器公司（IBM）、宝洁（PG）、强生公司（JNJ）或是谷歌公司（GOOG）。为保险定价至关重要。像好事达这样的保险公司，承保部门为特定的投保群体定义预期损失。以汽车保险为例，他们要通过变量预测某个司机群体的预期损失。他们预计 32 岁驾驶商旅车的已婚女性要比 18 岁驾驶两座跑车的男性事故率低。在 TOMIC 中，定价与此相似。区别在于，你就是承保人，你需要了解（通过卖期权）承保的股票或指数的波动率和价格。一旦你了解市场并清楚想要承担的风险，就要选择策略了。你选择的策略可以是垂直套利、日历价差或者是鹰式等。最后，为交易设立时间表——1 个星期、20 天或 30 天等。家庭保险一般以年为单位。

2. 风险管理。更准确地说，应该叫作积极的风险管理。这项职能持续监测风险组合，摒弃不想要的风险。在好事达公司，如果驾驶商旅车的已婚妇女事故率每年攀升，他们需要判断变化因素。可能是因为这些妇女有了更多的孩子，导致她们开车分神。鉴于保险公司持续监测其保险投资组合，好事达公司会调整（提高）针对这一市场的保费，或者就不再给那些有孩子的驾驶商旅车的已婚妇女承保了。

TOMIC亦是如此。举例来说，如果TOMIC为国防承包商承保，而新的国会立法将国防开支减半，TOMIC可能会停止卖出基于国防承包商的期权，也可能会进一步买入看跌期权进行再保险。TOMIC需要持续了解标的市场波动率和价格的变化。TOMIC的风险管理包括制定仓位标准、资金管理、交易调整、投资组合保险以及投资组合多样化。

　　3. 交易执行。这项职能相当于传统保险公司的保险单销售。好事达那样的公司通过代理商运行业务，而TOMIC通过期权交易所运行业务。TOMIC通过经纪商在期权交易所买卖期权。TOMIC不需要专门的销售团队去卖保险，有一台连接交易所的电脑就够了。TOMIC执行交易的效率和有效性都对收益率有着直接的影响。执行一笔复杂交易有不同的方法，并且有很多因素影响着交易的执行。影响因素可能是市场规模、交易规模、日中交易时间、所在的交易所以及做市商。这项职能是TOMIC成功与否的关键一环。你必须清楚如何妥善执行你的交易。

　　TOMIC想要不断取得业务的成功，需要具备保险公司的所有成功要素。理论上，TOMIC取得成功运营以及可盈利是可实现的。图1-3展示了包含所有基本职能和支持性职能的TOMIC。

　　每种业务在正式运营前都需要一定的"基础设施"。举例来说，一家快餐店需要店面、炉灶、冰箱和电话。对于TOMIC，你需要硬件（电脑、互联网和电话）、软件（交易软件和计划）以及运营所需的周转资金。TOMIC履行其职能（交易选择、风险管理和交易执行）需要全套的支持性职能到位。支持性职能让你能够成功地运营TOMIC。这些职能分为交易计划、交易基础设施以及学习流程。表1-2是支持性职能的概述和其重要过程。

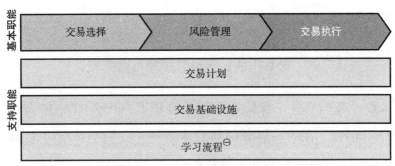

图 1-3　TOMIC 价值链

表 1-2　TOMIC 支持性职能

交易计划	交易基础设施
a. 交易目标	a. 经纪商
b. 交易市场	b. 执行软件
c. 策略选择参数	c. 分析软件
d. 风险管理清单	d. 投资组合保证金
e. 建仓 / 平仓计划	e. 信息资源
f. 备忘清单	f. 风险资本
	学习流程
	a. 交易日志
	b. 交易团队
	c. 交易教练
	d. 继续教育计划

交易计划就是传统保险公司的运营计划。交易计划明确了交易目标、交易市场、策略、风险管理参数以及开平仓计划。交易计划是 TOMIC 经理的运营指导方针，它描述了 TOMIC 的运营参数（parameters in which TOMIC should operate）。

㊀ 原文有误。根据下文，此处应为 learning process（学习流程），而非 reporting infrastructure。
　——译者注

交易基础设施是经纪商、执行软件、分析软件、信息资源、投资组合保证金和风险资本的集合。

学习流程是 TOMIC 想要持续提升业务所需的一系列习惯。这项职能包括交易日志、交易团队、交易教练和继续教育计划。

本章，我们概述了保险业务，并讲解了为什么 TOMIC 与传统的保险公司相似。在第一部分的随后章节里，我们会详细讨论 TOMIC 价值链中的每个基础职能和支持性职能。

| 第 2 章 |

交易选择

对冲基金中的交易选择相当于保险公司的承保职能。如果承保妥当并且风险定价合理，业务就还不错。收取的权利金足够负担所承受的风险，应该可以盈利。如果承保欠佳，也没能妥善定义所承担的风险，收取的权利金可能不足以覆盖风险。

以下对比两个重大事件，可以成为这方面不错的例证。其一是 2005 年卡特里娜飓风带来的损失，其二是 2008 年被抵押贷款支持证券拖垮的美国国际集团（AIG）。两者都对保险业造成巨大冲击。卡特里娜飓风造成大量损失和索赔。然而，保险公司在该事件造成索赔后仍然能够幸存并盈利。

在一份 2008 年提交给国会的报告中，罗尔·金（Rawle King）分析了卡特里娜飓风带来的保险损失，并得出结论，保险公司拥有足够的能力承担所有损失。

2005年的灾难类保险在24场大灾难中的赔付总额为661亿美元。卡特里娜飓风引发了175万份保险索赔，金额共计436亿美元。尽管风暴造成了严重的损失，但卡特里娜飓风和2005年的其他灾难并未威胁到财产/意外事故（p/c）保险业的赔付能力。过去三年市场环境良好，保险公司盈利可观，并在保单盈余方面获得显著增长。事实上，2004～2006年，保险公司每年的盈利都破纪录。⊖

保险公司因承保良好，可以从卡特里娜飓风中盈利。其此前有类似经验（比如安德烈飓风），帮助他们定义风险并收取合理金额的保险费。

第二个事件中，AIG卖出了4 500亿美元的信用违约互换，但未能妥善对这部分风险进行保险。AIG对风险的表现缺乏清晰的认识。债券保险的定价与房屋火灾保险的定价可不是一回事。为CDS（信用违约互换）定价与为火灾保险定价有明显区别。某一个街区的房子烧塌了，并不会提高10英里⊜以外另一个街区房子的火灾几率。而在CDS市场，如果抵押贷款支持证券因经济环境疲软而违约，例如失业率上升，其他抵押贷款支持证券也可能会违约。AIG的承保做得很不好，2008年政府不得不救济它，AIG付出了代价。AIG没有弄清它所承担的风险，定价不合理，而且投资组合操作不佳，差点就破产了。

⊖ Rawle King, 1/31/2008, CRS Report to Congress, "Hurricane Katrina: Insurance Losses and National Capacities for Financing Disaster Risks," summary.

⊜ 1英里=1.609 344千米。

就像保险中的承保一样，交易选择是至关重要的业务环节。建立TOMIC，就是承担一系列风险并收取相应的保险费。TOMIC必须要清楚它所承担的风险，不了解的就不能承保，这正是交易选择发挥作用的地方。承保和决策承担什么风险可能是TOMIC最重要的功能。选择交易时需要做出若干决定。第一，要选择想要进行交易的市场。第二，需要找到针对这个市场的最佳可行策略。第三，要设定交易时限。第四，要了解波动率对交易的影响。第五，需要决定愿意交易的价格。

市场选择

市场选择（承保）非常重要。每个市场都是独一无二的，表现各不相同。举个例子，GLD（SPDR黄金信托）代理黄金，它与复制标普500的交易所交易基金SPY（SPDR S&P 500 ETF）表现非常不同。在市场上交易期权的难易程度取决于你对市场的熟悉程度。比如，GEICO公司专注于汽车保险，美国家庭人寿保险公司（AFLAC）专注于残疾和员工薪酬保险。两家都是保险公司，但分属不同的市场。你作为TOMIC的经营者，一定要确定你想要参与的市场。

你可以像美国家庭人寿保险公司那样，专注于一两个市场。或者，你也可以像州立农业保险公司（State Farm）或好事达那样，经营多个不同市场。

TOMIC中市场被分为四类。

1. 指数：标普500指数（SPX）、纳斯达克100指数（NDX）、罗素2 000指数（RUT）、标普100指数（OEX）。

2. 交易所交易基金：标普500ETF（SPY）、纳斯达克100指数ETF（QQQ）、罗素2 000指数ETF（IWM）、油气服务ETF（OIH）、零售指数ETF（RTH）、SPDR追踪精选金融股指ETF（XLF）、SPDR追踪精选能源股指ETF（XLE）。

3. 股票：苹果（AAPL）、国际商业机器公司（IBM）、MCD、WMT、GS、FCX。

4. 期货：此书未涉及这部分内容，它们可以通过多元化的商品指数或者交易所交易商品（ETC）交易。

指数

美国公民交易股指期权可以享受税收优惠。美国的国内税收法（Internal Revenue Code，IRC）第1 256节阐述了宽基股指期权的处理方式。基本上，交易股指期权的收益中，60%被视为长期资本收益，40%被视为短期资本收益。无论股指期权持仓多久，无论是买入还是卖出，都适用。

IRC第1 256节提供了优惠政策，因为基于股指期权的最大混合税率为23%（假设经常利润为35%，长期资本收益为15%）。如果你的所得税处于高档位，23%的税率相比35%已经是很大的折扣了。但要知道，（美国）国内税收法规不断变化，所以你和你的税务顾问需要确定这些规定是否依然有效。

我们建议使用的指数有标普500指数（SPX）、纳斯达克100指数（NDX）、罗素2 000指数（RUT）、道琼斯指数（DJX）、标普100指数（OEX）。

以下是不同指数的代码。

享受税收优惠的主要指数期权

- DJX——道琼斯工业指数。
- OEX——标普100指数期权（美式）。
- XEO——标普100指数期权（欧式）。
- SPX——标普500指数期权。
- XSP——迷你标普500指数期权。
- NDX——纳斯达克100指数期权。
- MNX——芝加哥期权交易所迷你NDX指数期权。
- RUT——罗素2 000指数期权。

以下是IRC第1 256节的益处。请务必向你的税务顾问咨询。

60—40税务处理方法

- 适用于宽基、现金结算的股指期权。
- IRC⊖第1 256节适用合约。
- 不考虑持有期限，收益均计为60%的长期收益和40%的短期收益。
- 通过6 781号表格和Schedule D报告。
- 持仓采用年末盯市制度，且一旦平仓即征税。年末价格成为下一年的成本基准。

⊖ 原文有误。原文此处为"IRS"，根据前文用法，应该是"IRC"，Internal Revenue Code。——译者注

如果决定要交易股指期权,你要确定期权具有足够的流动性。你可以通过查询期权的持仓量来确定(如图 2-1 所示)。期权持仓量最大的指数是标普 500 指数(SPX)。它的市场流动性非常好,可以成为首选。

芝加哥期权交易所股指(期权)持仓量 2012年2月21日							
期权	认购	认沽	合计	期权	认购	认沽	合计
OEX	28 354	33 700	62 054	OEX post exp	N/A	N/A	N/A
SPX	3 840 688	6 889 168	10 729 856	SPX post exp	N/A	N/A	N/A
NDX	117 781	189 126	306 907	NDX post exp	N/A	N/A	N/A
MNX	58 976	89 474	148 450	MNX post exp	N/A	N/A	N/A
DJX	113 225	115 326	228 551	DJX post exp	N/A	N/A	N/A

图 2-1 芝加哥期权交易所(CBOE)期权持仓量

资料来源:www.cboe.com/data/IntraDayVol.aspx.

交易所交易基金(ETF)

交易所交易基金与指数非常相似。ETF 包含一篮子股票,像股票一样交易,如股指的一面镜子。最好使用流动性好的 ETF 进行期权交易。

欲了解当前有对应期权产品的 ETF,可登录芝加哥期权交易所(CBOE)网站 www.cboe.com。以下是在 CBOE 交易的 ETF 期权列表示例:

DIA——道琼斯工业指数 ETF(Options on DIAMONDS)。
DVY——股息指数 ETF(iShares DJ Select Dividend)。
EEM——新兴市场 ETF(iShares DJ MSCI Emerging Markets Index)。

EWZ——巴西 ETF（iShares MSCI Brazil Index Fund）。

FXE——欧元 ETF（CurrencyShares Euro Trust）。

FXI——新华富时中国 25 指数（iShares FTSA/Xinhua China 25）。

GLD——黄金 ETF（Options on SPDR Gold Shares）。

IBB——生物科技指数 ETF（iShares Nasdaq Biotechnology）。

ILF——拉美国家 40 ETF（iShares S&P Latin America 40 Index）。

IWM——罗素 2 000 指数 ETF（iShares Russell 2000 Index Fund）。

IYR——房地产指数 ETF（iShares DJ U.S. Real Estate）。

IYT——运输指数 ETF（iShares Dow Jones Transportation Average Index Fund）。

KRE——区域银行指数 ETF（KBW Regional Banking ETF）。

MDY——标普中型股 400 指数 ETF（Standard & Poor's Midcap 400 Index）。

MOO——农业指数 ETF（Market Vectors Global Agribusiness ETF）。

OIH——油气服务 ETF（Market Vectors Oil Services ETF）。

QQQ——纳斯达克 100 指数 ETF（PowerShares QQQ Trust）。

RTH——零售指数 ETF（Retail HOLDRs Trust）。

SPY——标普 500ETF（SPDR S&P 500 ETF Trust）。

SLV——白银 ETF（iShares Silver Trust）。

TLT——20 年 + 美国国债指数 ETF（iShares Lehman 20+ Year Treasury Bond Fund）。

USO——美国 WTI 油价 ETF（United States Oil Fund）。

XBI——SPDR 生物科技股指数 ETF（SPDR Biotech ETF）。

XES——SPDR 油气设备及服务股指数 ETF（SPDR Oil & Gas Equipment & Services ETF）。

XHB——房屋建筑商指数 ETF（SPDR Homebuilders ETF）。

XLB——SPDR 追踪精选原材料股指 ETF（Materials Select Sector SPDR）。

XLE——SPDR 追踪精选能源股指 ETF（Energy Select Sector SPDR）。

XLI——SPDR 追踪精选工业股指 ETF（Industrial Select Sector SPDR）。

XLK——高科技指数 ETF（Technology Select Sector SPDR）。

XLP——日常消费品指数 ETF（Consumer Staples Select Sector SPDR）。

XLU——公共事业指数 ETF（Utilities Select Sector SPDR）。

XLV——SPDR 追踪精选健保股指 ETF（Health Care Select Sector SPDR）。

XLY——可选消费 ETF（Consumer Discretionary Select Sector SPDR）。

XME——金属与采矿指数 ETF（SPDR S&P Metals & Mining ETF）。

XOP——油气开采指数 ETF（SPDR S&P Oil & Gas Exploration & Production ETF）。

XRT——零售指数 ETF（SPDR S&P Retail ETF）。

你需要确定期权具有流动性（每个行权价的持仓量大于 500），还要确定 ETF 的日交易量充足。有关交易量数据，可在 CBOE 和其他交易所查询。

股票期权

建议运用期权时选择流动性好的股票。流动性好的股票交易量充足，并且允许期权交易。

可以在 CBOE 查询日均交易量。表 2-1 是 2011 年 4 月的一个例子，表中展示了当月日均交易量居前 50 的股票期权。

表 2-1 日均交易量排名前 50 的期权

股票代码	期权代码	名称	看涨期权	看跌期权	合计
C	C	花旗集团（Citigroup, Inc.）	1 682 214	673 598	2 355 812
AAPL	AAQ	苹果公司（Apple Inc.）	809 044	638 526	1 447 570
BAC	BAC	美国银行公司（Bank of America Corp.）	737 488	556 135	1 293 623
CSCO	CYQ	思科系统公司（Cisco Systems, Inc.）	591 650	332 866	924 516
F	F	福特汽车公司（Ford Motor Company）	544 124	231 556	775 680
INTC	INQ	英特尔公司（Intel Corp.）	423 569	252 374	675 943
MSFT	MQF	微软公司（Microsoft Corporation）	462 359	191 885	654 244
JPM	JPM	摩根大通公司（JPMorgan Chase & Co.）	273 420	230 059	503 479
NFLX	QNQ	奈飞公司（Netflix, Inc.）	223 602	253 335	476 937
GE	GE	通用电气公司（General Electric Company）	283 956	183 626	467 582
LVS	LVS	金沙集团（Las Vegas Sands Corp.）	352 107	105 227	457 334
RIMM	RUL	RIM 公司（Research in Motion）	233 316	216 974	450 290
BIDU	BDQ	百度（Baidu, Inc. ADS）	300 005	147 808	447 813
AMZN	ZQN	亚马逊公司（Amazon.com, Inc.）	231 075	208 601	439 676
GOOG	GOQ	谷歌公司（Google, Inc.）	244 089	193 746	437 835
AA	AA	美国铝业公司（ALCOA, Inc.）	230 707	196 895	427 602
SLW	SLW	银惠顿公司（Silver Wheaton Corporation）	272 126	131 048	403 174
GM	GM	通用汽车公司（General Motors Corporation）	187 043	143 977	331 020
FCX	FCX	弗里波特－麦克莫兰铜金公司（Freeport-McMoRan Copper & Gold Co., Inc.）(Class B)	190 225	139 565	329 790
WFC	WFC	富国银行（Wells Fargo & Company）	175 420	145 554	320 974
PFE	PFE	辉瑞制药公司（Pfizer, Inc.）	205 449	114 842	320 291
YHOO	YHQ	雅虎公司（Yahoo! Inc.）	207 389	69 830	277 219
XOM	XOM	埃克森美孚公司（Exxon Mobil Corporation）	148 325	119 419	267 744
POT	POT	加拿大钾肥公司（Potash Corp. Of Saskatchewan, Inc.）	154 896	89 659	244 555
GS	GS	高盛集团（Goldman Sachs Group, Inc.）	125 132	115 991	241 123
TIVO	TUK	TiVo 公司（TiVo, Inc.）	164 371	70 354	234 725
X	X	合众钢铁（United States Steel Corporation）	148 457	72 388	220 845

(续)

股票代码	期权代码	名称	看涨期权	看跌期权	合计
PBR	PBR	巴西石油公司（Petroleo Brasileiro S.A.-ADR）	135 604	79 054	214 658
IBM	IBM	国际商业机器有限公司（International Business Machines Corp.）	121 423	89 864	211 287
QCOM	QAQ	高通公司（QUALCOMM, Inc.）	134 641	76 304	210 945
T	T	美国电话电报公司（AT&T Corp.）	114 003	81 275	195 278
CAT	CAT	卡特彼勒公司（Caterpillar, Inc.）	98 972	95 378	194 350
BP	BP	英国石油公司（BP plc.）	130 491	62 164	192 655
VALE	RIO	淡水河谷公司（Vale SA）	98 087	87 716	185 803
MU	MU	镁光科技（Micron Technology, Inc.）	129 115	55 129	184 244
NOK	NOK	诺基亚公司（Nokia Corporation ADR）	140 959	38 086	179 045
SINA	NOQ	新浪公司（SINA Corp.）	123 770	51 875	175 645
AMRN	AMRN	阿玛琳（Amarin Corporation）	144 473	31 087	175 560
ORCL	ORQ	甲骨文公司（Oracle Corporation）	108 428	64 985	173 413
MGM	MGM	美高梅（MGM Resorts International）	122 650	49 152	171 802
JNJ	JNJ	强生（Johnson & Johnson）	98 839	72 821	171 660
NVDA	UVA	英伟达公司（NVIDIA Corporation）	124 210	46 989	171 199
VLO	VLO	瓦莱罗能源（Valero Energy Corp.）	132 716	38 441	171 157
STX	STX	希捷科技公司（Seagate Technology）	121 553	49 583	171 136
TYC	TYC	泰科国际有限公司（Tyco International limited）	139 490	31 168	170 658
MCP	MCP	莫利矿业公司（Molycorp, Inc.）	104 242	64 746	168 988
UAL	UAL	联合大陆航空公司（United Continental Holdings, Inc.）	110 487	53 275	163 762
ABX	ABX	巴里克黄金公司（Barrick Gold Corporation）	110 999	48 741	159 740
HPQ	HWP	惠普公司（Hewlett-Packard Company）	97 626	61 182	158 808

资料来源：www.cobe.com/data/AvgDailyVolArchive.aspx。

如果一个股票期权日交易量大于 50 000 张合约，可以将其视为具备流动性的市场。

选几只股票并密切跟踪，了解其表现。另外，市场选择要多元化，选择不同的行业和领域。比如，你想选五个不同的市场，苹果公司（AAPL）、摩根大通公司（JPM）、弗里波特—麦克莫兰铜金公司（FCX）、金沙集团（LVS）和英国石油公司（BP）就是一个多元化的选择。

策略选择

策略选择和交易建构是业务的核心。选择策略和建立交易的能力为你提供最佳获利机会，这是 TOMIC 成功的主要因素之一。

选择策略时要回答以下问题：

1. 想要在哪个（哪些）市场交易？
2. 方向是怎样的？
3. 时间范围如何？
4. 标的和期权的波动率如何？
5. 风险/回报如何？

对市场的选择会影响策略选择。标的的现价及其流动性影响可交易的行权价个数和行权间距。15 美元的股票不一定比 300 美元的股票更有优势。比如，15 美元的股票做垂直套利就比 300 美元的要难。

标的的方向有三种可能：上行、下行、左右摇摆。要确定想选择的策略，清楚标的的变动方向很重要。然而，即使在方向判断上不是百分之百准确，仍然可能赚钱。想获得对标的方向的判断，有的交易员使用技术分析，有的依靠基本面分析，还有的两者都用。两种都学一学，选一个最舒服的来用。

时间范围

> "知彼之时,出其不意,运己之时,方可制胜。"
> ——宫本武藏,17世纪日本剑术家、浪人

交易时间范围是交易选择的另一个因素。举个例子,你买保险时,想买6个月的还是1年的呢?保险时间范围不同,保险价格不同,如果买1年期的保险,日均保险费更为低廉。作为TOMIC交易者,你要决定卖6个月的还是1年期的产品。实际业务中,TOMIC使用的时间范围包括周、月、季度、半年或年。

很多指数和个股都有周期权可供交易。比如,CBOE提供标普500指数(SPX)周期权和诸如苹果公司(APPL)的个股周期权。你还可以选择月期权或长达30个月的长期期权(LEAPS)。

时间范围的确定基于你对标的表现和不同时间范围内期权波动率的预测。举例来说,如果你认为明年标普500指数会左右摇摆,并且波动率在几个月内相对稳定,那么日历价差策略可能是个不错的选择。也可以选择更短期的交易,比如月度的铁鹰组合或蝶式策略,具体取决于波动率。

波动率

标的波动率和策略所使用的期权构成另一个因素。假设你经营一家保险公司,在佛罗里达和开曼群岛销售飓风保险。假设有数据表明在过去150年中,佛罗里达每12年遭遇一次飓风,开曼群岛每2年遭遇一次。你会对两地价值相同的两处房产收取同样的保费吗?当然不

会。预计开曼群岛的飓风保险会更贵一些。同理，波动率影响市场的选择和保险的价格。

大部分人在选择策略时忽略了这个因素。然而，了解波动率有助于决策。比如，想要比较日历价差和蝶式策略哪个更好，如果你认为市场会左右震荡，波动率就是决定性因素。不仅要考虑标的的波动率，还要考虑期权的波动率曲线（不同行权价的波动率）以及期限结构（不同到期日的波动率）。

做选择时要考虑风险/回报因素，这将确立你的优势。回报与风险密切相关，但有时风险和回报是不对称的，回报可能会高于所承担的风险。在这种情况下，交易具有优势，在交易选择中产生重要影响。第8章会对此进行详述。

定价

无论买入还是卖出，交易的价格是交易选择的决定性因素。波动率和价格密切相关。如果将同一个期权在高波动率环境中和低波动率环境中相比较，期权价格和波动率直接呈比例性相关。前文提到的佛罗里达和开曼群岛的等价房产就是例子。理论上，在理想状况下，假设每一次飓风带来的损失相同，开曼群岛的飓风保险价格应该是佛罗里达飓风保险价格的6倍。

保险价格不是一成不变的，期权交易所的期权价格也是如此；这是个市场化的系统。所以，如果开曼群岛的飓风保险价格只是佛罗里达的两倍，这就不太合理了。其中某一个保险定价有问题。

在这种情形下你的优势何在？你应该卖佛罗里达的保险还是卖开曼群岛的保险？价格会影响你的决定，对吧？明智的选择是卖出开曼群岛的飓风保险并买入佛罗里达的。

这个飓风保险情形中的逻辑和 TOMIC 每一笔交易的逻辑是一致的。定价决定了你是否要做交易。定价由以下因素决定：标的、策略、时间范围以及波动率。

总而言之，如果你选择了一种交易策略，你将承担对应的风险以及决定以怎样的价格获取怎样的保险并且在什么价格获利。

| 第 3 章 |

风险管理

> 风险。风险是我们的商机。冒险就是这艘星际飞船的意义所在,也是我们登船的原因。
> ——詹姆斯·T. 柯克(James T. Kirk),企业号飞船,
> 《星际迷航》,"回到未来",Ep. 51/4786.3

任何对冲基金,包括 TOMIC,都是通过承担风险而不是规避风险来寻求商机的。如威尔·罗杰斯(Will Rogers)所言,"有时候你不得不爬向树枝,因为那里才有果实。"

TOMIC 的生意正是认购风险。TOMIC 通过收取保险费用来承担他人的风险。正是 TOMIC 这种承担风险的行为让人们愿意买单。事实上,生活中的所有事情都有一定程度的风险,如果人们没有意识到风险,也就不会买保险了。如果股票市场没有任何风险,那么没有人愿意付权利金买期权了。我们不可能完全避免风险,但是我们可以管理风险。即使只是过马路,你也需要承担发生意外的风险,例如过马

路可能会被车撞。你可以在过马路前左右张望来进行风险管理。即便如此，也可能有疯狂的狙击手在你过马路时从楼顶朝你开枪。只要活着，就必然要持续承受风险并且管理风险。TOMIC 管理风险的方式是清楚想要承担的风险并将不愿承担的风险进行剥离或再保险。

在前一章"交易选择"中，讲述了 TOMIC 如何确定它所愿意承担的风险以及愿意为之付出的代价。TOMIC 需要确保它承担相应的风险能够得到足够补偿。只有通过管理投资组合风险，TOMIC 才能避免不可预料的风险所带来的损失。承担可预料的风险所带来的损失可以接受，但猝不及防的意外之险则不能接受。

风险管理

风险管理是一个持续过程，包含了承保（选择交易）、头寸规模、主动的资金管理等内容。风险管理应该根植于每个 TOMIC 交易员的基因中，也应该被作为管理 TOMIC 整个过程中必不可少的一部分。

管理 TOMIC 的风险，你必须能够回答以下几个问题。

交易之前：

- 这笔交易的风险回报率如何？
- 这笔交易成功的概率多大？
- 所能接受的交易最大损失上限是多少？
- 这笔交易的预期回报和目标利润是多少？
- 新的交易是否还保持原有投资组合的平衡性和多样性？是否在某一行业过度暴露风险？

交易过程中：

- 这笔交易是否触及可接受的损失上限？
- 该交易是否达到了目标利润？
- 继续进行这笔交易的收益和所需承担的风险相比是否值得？

交易之后：

- 这笔交易中是否遵守了风险管理准则？
- 如果没有，为什么？

你或许曾听过很多很成功的投资人的言论，例如沃伦·巴菲特说："第一原则，永远不要亏钱；第二原则，永远勿忘第一条。"实现巴菲特投资第一原则的秘诀就是要确立有序的风险管理流程。

要管理好风险，TOMIC 必须做到以下几点：

1. 制订资金管理方案。
2. 定义头寸规模管理方案。
3. 维持多元化的投资组合。
4. 调整交易或在交易变糟时退出。
5. 购买投资组合保险来防范黑天鹅事件。

资金管理

很多交易员都吹嘘他们的账户信息。在一些案例中，他们因为虚报了账户而在一段时间内被禁止交易。有些交易员只能放弃交易。资金管理是一件非常严肃的事情。大多数人开始交易时都非常兴奋，立马开户入金，刚一开户就开始交易。其实，开户后的首要任务应该是确立资金管理准则。

资金管理准则是一张安全网，能够帮助你避免血本无归。交易中遇到的最糟糕情况就是所有资本金都亏光，而且不能继续交易。丹尼斯的一位交易导师亚历山大·埃尔德（Alexander Elder）博士告诉他，两种威胁一定要小心：鲨鱼式威胁和食人鱼式威胁。

鲨鱼式威胁是指损失你账户中占很大比重的一个交易。这种威胁就像是被鲨鱼狠狠地咬了一大口似的，不但会使得账户严重亏损，而且会给你造成心理上的伤害。想象一下你在一次交易中损失掉了35%，这就如同被鲨鱼咬了一大口一样。

食人鱼式威胁是指一系列的小损失，积少成多最终彻底击垮你。有没有看过亚马孙丛林中，食人鱼杀死一头牛的视频？食人鱼先是一小口一小口地咬，最终把整头牛吃掉。这和交易账户的管理是一个道理：如果有很多小损失，最终你的账户资金会缩水并亏光。

账户能够抵御食人鱼式或者鲨鱼式的不良交易是非常重要的。因此，具体化的资金管理守则是很明智的。例如，交易者可以确立两条主要准则。第一，永远不要在单笔交易中承担超过2%的风险。第二，如果一个月内，账户损失超过总资本的6%，则当月停止交易。

第一条准则，永远不要在单笔交易中承担超过2%的风险，用来防范鲨鱼式攻击。如果能保证在任一交易中亏损都不超过2%的总资本，那么即使一笔交易出现巨大损失，账户的总体损失也不会太严重。

虽然损失2%并不是件好事情，但总比资本全赔光要好。

第二条准则，如果一个月内，账户损失超过总资本的6%，则当月停止交易，这条准则用于防范食人鱼式威胁。若你的多个交易在同一时间都陷入困境，那么需要停止交易并且重新评估你的交易策略。可能一开始的策略就是错的，可能整体环境已经改变但你却没留意到，也可能是决策失误。重点是，一旦单月损失超过6%，就要立刻停止交易，下月重新开始。为什么是6%呢？这个数并非绝对，可以自行决定。可以把暂停交易标准定为5%、6%、7%、10%，或者任何可以接受的百分比。一定要记住，不要让"食人鱼"把资产全部吞噬，而要保证还有资产继续交易。

再强调下，不要因为不良交易而损失所有的本金。确保建立并遵守严格的资金管理准则。只要能够做到，你将离盈利更近一步。

头寸规模管理

交易的规模应该根据上文提到的合理的资金管理准则来确定：任何一笔交易都不能有超过2%的亏损；当月损失超过6%，则停止该月交易。

假设某基金有一笔200万美元的资金需要管理。根据2%守则，每一笔交易的亏损数额不能超过40 000（=2 000 000×2%）美元。在标的是罗素2 000指数的情况下，交易的鹰式组合有10个点的"两翼宽度"（wing-spread），每个鹰式组合的保证金是1 000美元（假设是Reg-T保证金），那么交易者一共可以交易40个鹰式组合，因为40×1 000=40 000美元，即2 000 000×2%。但是，这是假设鹰式组合都是最高亏损额的情况。实际交易中，我们通常会在交易前用更小的损失额来估算。例如，在罗素 2 000 指数的鹰式组合中，我们可能设定 15% 的获利目标和 20% 的可允许最大损失量。因此，只要有任何一个鹰式组合损失为 200（=20%×1 000）美元，就退出市场，而不是等到完全赔光 1 000 美元为止。如果在每个鹰式组合中，只能允许最多损失 200 美元，并且最多愿意承受 40 000 美元的单笔交易损失，那么这笔交易中最多可以交易 200 个鹰式组合。

一个常见的问题是，第二条准则不允许月内损失超过 6%，加之每次交易投入不超过 2% 的限制，这是不是说每次只能交易 3 笔？答案是否定的。根据 2% 的准则，你可以进行多笔交易，但并不是所有交易都会在同一时间让你亏损。如果它们在同一时间让你损失巨大，那么应该是选择了相关度非常高的交易。平均下来，如果在同一时间进行了 15～20 笔交易，假设成功率为 80%，你只会有 3～4 笔交易不成功。因此不太可能一个月内损失 6%。假设 4 笔交易失败了，每笔交易都让你损失总资本的 2%，那一共亏损 8%。但是，也要考虑成功交易带来的贡献。如此 4 笔 2% 的亏损可能不会带来 6% 的月内净亏损。如果真的在一个月内损失总资本的 6%，那么需要停下来并重新评估自己的策略。

基于资金管理参数，遵循严格的头寸规模管理，这些规则将保证资金的安全，免于账户爆仓。

分散投资

除了头寸的规模之外，TOMIC 需要保持多元化的投资组合来规避某一板块的损失给整体投资造成的巨大伤害。即使每一笔头寸的风险敞口都有最大上限，但如果所有头寸都属于密切相关的市场，头寸规模也无法保证投资组合的安全。例如，假设 TOMIC 的持仓规模指南要求每个头寸最多只能占总资本的 2%。但是，如果所有头寸都投资于石油类公司：埃克森美孚石油公司（Exxon-Mobile）、雪佛龙公司（Chevron）、英国石油公司（BP Amoco）、美国康诺克石油公司（Conoco Philips）和巴西石油（Petrobras），那么这种持仓组合并不能保证投资组合的安全性，所有投资都高度相关。

为发挥头寸规模的有效性，TOMIC 必须意识到投资组合持仓多元化的意义。TOMIC 应该尝试在投资组合中纳入多种板块或行业，避免把所有的鸡蛋都放在一个篮子里。

想要达成投资组合的多样性，一个好办法就是投资至少 5 个不同的代表性板块，投资于每一板块的比重不超过总投资组合的 25%。

例如，TOMIC 可以投资于五个不同的市场，如标普 500 指数（SPX）、苹果（APPL）、高盛（GS）、弗里波特—麦克莫兰铜金（FCX）和英国石油公司（BP）。这种混合方式很好地构造了分散投资。此外，任何一个头寸的风险不应超过 TOMIC 总资本的 2%。

调整不同交易

TOMIC 进行交易时必须主动地管控风险。如果一笔交易有违 TOMIC 利益，那么必须减少不良交易带来的损失。总会有不尽如人意的交易，没有一个人可以百分之百盈利。想保证不亏钱，除非你不交易。

调整交易是风险管理的一部分。在开始交易之后，巨亏和小损失之间的差异在于调整交易。TOMIC通过调整交易来保护它的资本金并最小化损失。调整交易并不是让交易者获得更多盈利的手段，但是会帮助减少亏损。只有在交易开始有了不良迹象时交易者才需要去调整，运转良好时则不用调整。终止交易也是不可忽略的调整方式。有时，尽早止损好过一亏到底。

有人认为无论交易是什么类型，只要精于调整，那么最终总能够盈利。还有些人认为选择交易和建仓交易比退出交易要重要。对于TOMIC，我们相信交易的选择比退出交易更重要，但调整交易也非常重要。想要在这一领域成功，交易者需要掌握如何建仓、调整和平仓。

可处理的风险

在这个章节中，不同的风险管理策略包括：

- 资金管理。
- 头寸规模。
- 分散投资。
- 单元期权保险（unit insurance）。
- 调整交易。

每一头寸都会被宏观和微观的各种因素影响。为投资组合选择风险管理策略的时候，需要注意以下几种风险：

- 系统风险。

- 市场风险。
- 行业风险。
- 公司风险。

系统风险是指金融体系崩塌继而导致更大范围经济衰退的风险。一个系统风险的例子就是2008年雷曼兄弟的瓦解影响了整个金融市场。这种个体的崩塌导致了连锁反应，美国信用市场瘫痪，并且打击了全球信用市场，最终甚至差点造成整体金融体系崩溃。一个公司的破产不应该导致整个系统的崩盘，不应该对经济造成如此大的影响，然而它确实发生了，世界经济大幅走弱。对冲系统风险是非常困难的，如果整体金融体系失灵，你都不清楚用于对冲的合同是否还有价值。举例来说，如果美国国际集团（AIG）崩盘，那么它担保的信贷违约互换的持有者可能就失去保障了。抵御系统性风险的办法是购买诸如黄金、白银这样的实物资产。

市场风险是指一些宏观事件对整体市场造成了影响，导致几乎所有股票都被牵连的风险。这些影响了整体市场的宏观事件包括2001年的世贸大楼"9·11事件"和2008年的美国金融危机。无论你持有什么股票，这些事件给整个市场带来了冲击。市场风险能够通过购买期权来对冲，例如购买组合保险。单元认沽期权就能对这样的事件起到很好的保护作用。

行业风险是指发生一些事件，影响到特定行业的风险。例如，美国政府决定减少国防开支，那么美国所有军工行业的公司都会受到消极影响。再如，如果美国政府向金融机构征收新税，那么整个金融行业都会受到影响。

公司风险是指一些事件的发生影响了某特定公司。例如，安然公司的瓦解、英国石油公司的墨西哥湾石油泄漏，或者是主要管理层去世，如苹果公司的乔布斯。这些事件都只会对个别公司造成影响，因此这种风险可以很轻易地用期权或者多样化的投资组合来对冲。

从宏观风险到微观风险，有不同方法来降低不同层次的风险。表 3-1 提供了针对不同类型风险的解决方案示例。

表 3-1　降低风险的方案示例

风险种类	风险管理方案
系统风险	持有诸如黄金、白银等实物资产
市场风险	持有单位认沽期权防范黑天鹅事件，或持有 VIX 指数的认购期权
行业风险	将所投资的行业多样化，并使用期权
公司风险	将所投资的公司多元化，并使用期权

购买保险，防范黑天鹅事件

对不想承担的风险进行保险或再保险是 TOMIC 一个非常重要的功能。TOMIC 不想承受灾难性的风险，例如高达 25% 的单日市场亏损。TOMIC 应该像传统的保险公司一样来管理它的风险，就好像一家传统的车险公司会把它不愿意承受的风险做再保险。

假设 ABC 保险公司（虚构的美国财产意外保险公司）承保了美国旧金山湾区的很多汽车。旧金山湾区是一个地震多发地带。如果旧金山发生了一场大地震，所有 ABC 保险公司承保的车都因为地震损失惨重，ABC 公司将会收到大量的索赔要求。ABC 保险公司愿意为汽车日常事故承担风险，但是不愿意承担地震这样灾难性的风险。万一地震，所有投保车辆同时受损。因此，ABC 公司会把这种灾难性的风险转移到诸如 General Re（伯克希尔－哈撒韦旗下的一家子公司）这样的再保险公司。如此，ABC 公司只需要承担日常驾驶中的风险，而把地震的风险转移给他人。

把自己不想承受的风险转移出去和 TOMIC 的风险管理功能是一样的。TOMIC 愿意承受上下 5% 的市场正常波动，但对于灾难性的风险要做再保险。TOMIC 可以购买标普 500 的虚值认沽期权，预防 25% 的巨大市场亏损。另一个再保险的方法是购买 VIX 波动率指数的虚值认购期权。前提假设是标普 500 大跌会导致波动率指数大幅变化。TOMIC 可以用标普 500 认沽期权和波动率指数认购期权中的一个或同时使用两个以避免系统性风险，怎么选择取决于这两个期权的价格。

单元期权可以拯救你的投资组合

以下是在黑天鹅事件中保护投资组合的具体例子。让我们一起回顾 2010 年 5 月的闪电崩盘事件。一笔基金投资于标普 100 指数（OEX）5 月到期的蝶式期权，直到 5 月的第一周一直表现良好。一系列短暂的冲击使得市场开始下跌。在这期间，蝶式期权曾一度下跌近 10%，即使其已经做了对冲并调整了风险。5 月 6 日，闪电崩盘事件发生了，仓位大赚。为什么呢？因为这笔资金买入了大多做市商所说的单元期权。这些单元期权保护了在这次崩盘中亏损的蝶式期权仓位。

单元期权是一种相对便宜的期权，其希腊字母难以预测。你可以把它们根据不同产品来细分，标的资产价格越高，单元期权价格越高。例如，在标普指数存托凭证开放式基金（SPY）中，单元期权只有 20 美分左右，但是在标普 500 指数（SPX）中，单元期权可能要接近 2 美元。所有单元期权的 delta 值都小于 5，并且它们的 vega 和 gamma 值几乎为零。那么，这些单元期权是如何起到作用的？

大多数模型，尤其是那些被散户运用的模型，都存在一个问题，就是假设波动性增加幅度相同。但是，事实并非如此。当市场猛烈下跌时，两件事情会发生：

1. 相对而言，到期月份的期权会远比其他月份的增值更多。
2. 行权价较低的认沽期权价值会比模型预测的要高。

把强力下行的波动率曲线想象成一个架在支点上寻求平衡的薄木片。如果一个很胖的人突然跳上了木头的一边，会怎么样？就像跷跷板，离支点越远的那端移动距离越大。还要考虑到是，由于是胖子跳上了这块木头，木头剧烈震动，使得支点远端会短暂上翘。

这就是那些低价的认沽期权在市场大跌时的表现。恐慌之下，大家都会购买平值认沽期权。所有卖出或看空这些认沽期权的交易者争相购买能够在市场暴跌中保护他们仓位的东西。

这些人买入单元期权，这些买入行为导致单元期权价格略有增长，导致 vega 上升，继而 delta 上升，市场暴跌时单元期权升值。这会引发雪球效应——交易者争相购买单元期权为卖出认沽期权提供保障，单元期权升值，vega 升高……

下例讲述了在 4 月 20 日，投资于标普 100 指数（OEX）的基金所发生的事情。该基金购买了标普 100 指数（OEX）5 月 505 认沽期权，用以对冲铁蝶式期权空头。该认沽期权的买入价是 1.2 美元。但是当市场在 5 月 6 日下跌之后，认沽期权价格上涨到了近 10 美元。5 月 7 日收盘时价格为 14.5 美元。这个价值 1.2 美元的期权在此期间带来了超过 1 200% 的回报，表现不错。

一个普通的交易员该如何用单元期权提升整体投资组合的回报率呢？购买一些单元期权，但是不要买太多，占总交易资金的 5% 到 10%（不是总资本的 5% 到 10%），以对冲常规的价差交易（鹰式、蝶式、时间价差）。如果市场震荡加剧，下跌 10%，它可以让你不再亏损，甚至可能赚钱。如果市场下跌 20%，你应该能够盈利。

这其中的数学逻辑并不简单。要理解单元期权是怎么运作的，首先需要理解波动率。妥善操作单元期权，可以保证即使市场跌幅达 25%，你也不需要卖房筹资。

| 第 4 章 |

交易执行

在体育运动、建筑工程和贸易中都需要计划。在体育运动和建筑工程中，比赛和工程一旦开始，计划可能就被置于脑后了。赛场实际情况随时会变，房地产行业情况也可以影响摩天大楼建设的进展。这些规律对于实施 TOMIC 交易计划同样可以适用。然而，与体育运动和建筑项目不同的是，TOMIC 交易员能更好地控制结果。与在许多商业活动中一样，关键是在执行计划时有纪律而又适应情况变通，有准则而又没有特定的"交易规则"。就像詹姆斯·迪恩的电影中那样，规则通常是用来打破的，交易者需要灵活变通。在这个章节，你会从头到尾了解执行一个 TOMIC 交易计划的过程。为了达成目标，会有一个清单来引导思考，帮助做出交易决策。最终你将会明白如何有效执行一笔交易。

市场条件

第一步是评估市场。在任意给定的时间,市场可能波动也可能平静。它的隐含波动率可能被高估,也可能被低估。不同月份的合约价格可能被低估或者高估。同一到期月份不同行权价的合约也可能被高估或低估,所有这些因素都可能在任意给定时间发生变化,市场对某一交易的利好程度也不尽相同。许多有关交易的书籍和课程都基于每个月做同样的交易,而忽视当时的市场情况到底如何。这是一种相当不周全的做法。相反,应该采取与保险公司一样的方法:看市场是处于什么状况,并卖出不太可能出险的保险单。为达到这个目的,首先需要了解如何评估市场情况。

评估潜在的实际波动率

当马克还是场内交易员时,他很快认识到,他并不需要了解公司的盈收或 FDA 的决定,但他确实需要知道将要发生事件。TOMIC 交易员需要采取相同的方式,特别是对于非定向策略销售。公司是否有盈利,联邦政府是否在本周发布重要数据,美联储是否召开政策会议,或者是否存在潜在危机可能对金融市场产生影响?这些都是交易者需要在行动之前回答的问题。如果不清楚哪些因素会影响到保险生效,评估某一特定保单中风险溢价就面临一定难度。

世界上没有哪个研究能够准确预测地震、恐怖主义爆炸事件和其他灾难性事件。首要原因是,看 HV(历史波动率)可以等同于"在风中小便",这就是为什么交易者需要在任何时候都做好最坏的打算。回望过去可以了解未来市场可能会如何反应。

如果交易者认为波动是均值回归的（整个期权交易的基本假设），快速变化的股票或指数接下来通常可能会放缓。一个比正常情况慢得多的股票接下来可能会加速。考虑这些因素可以帮助交易者判断保险昂贵或便宜的程度。

评估隐含波动率

保险价格变化不定。在任何时候，保险单可能贵也可能便宜。如果假设历史波动率均值回归，并且是 IV（隐含波动率）的基础，那么基本可以确定隐含波动率也是均值回归的。这是任何交易者卖出保险的重要前提假设。但是否有办法证明隐含波动率的回归？可以通过观察波动率指数期权这更有趣的方式来验证隐含波动率的均值回归，而不是一连串数据。

VIX 期权是现金结算的欧式期权。因为没有提前行权的风险，如果隐含波动率变得太低或太高，波动率指数期权不会以目前市场定价，而是以波动率指数均值回归期望值定价。因此，在隐含波动率飙升时，实值认购期权价值显得被低估，而当 VIX 超卖时，认购期权显得被高估。

在 2010 年美国市场闪电崩盘期间，美国东部时间 3:30 时，市场相当混乱。VIX 指数当时正处于略低于 40% 的水平交易。图 4-1 展示了行权价 47.5 与行权价 30 的 VIX 指数期权的价格差异。

尽管一个是实值期权，一个是虚值期权，但两者的价格并不相差很多。这是因为 VIX 期货市场价实际为 29.20，所以根据期货的价格判断两者都是虚值期权（尽管你可能认为 30 行权价的期权是平值期权）。即使在市场爆炸式增长期，对市场恢复平静的期望也会阻止 VIX 期货（也包括 VIX 期权）进一步上涨至 40% 这一 VIX 现货交易的位置。有趣的是，根据当时期货的价值判断，行权价为 30 的合约属于虚值合约。行权价为 47.5 的合约与当时期货市场的相对价值是非常明确的。最糟糕的交易之一是在市场崩溃的中间阶段买入 VIX 虚值认购合约。VIX 的均值回归将会终结绝大多数这类交易。

	MktPr
50.0 calls	
47.5 calls	1.05
45.0 calls	1.25
42.5 calls	1.55
40.0 calls>	1.90
37.5 calls	2.35
35.0 calls	2.75
32.5 calls	3.30
30.0 calls	3.90

图 4-1　请注意行权价为 30 以及行权价为 47.5 认购期权的价格差异
资料来源：OptionVue6.

你会发现市场对均值回归的预期，你也可以看到如何使用这种假设来销售保险。一般来说，当隐含波动率高于均值时，卖出交易比买入交易更受欢迎。卖出的合约从历史行情判断是被高估了。然而，判断这个关系并非易事。市场也存在许多隐含波动率较高的合理理由。这就是为什么交易者在评估隐含波动率前应先做以下事情。如果存在隐含波动率较高的理由，卖出合约可能就不会像看起来那么好了。为了成功卖出合约，交易者需要对合约所有风险要素有清晰的认识，这样才能确定价格是否被高估。

评估合约月份

了解波动率后，就可以具体开展工作了。评估市场的整体波动率是不够的。对于有效的 TOMIC，交易者需要展开全面评估，从合约的期限结构入手。这就是产品中不同月份合约相互定价的机制。不同到期月份的合约之间价格密切相关，但并不是紧密相连。在任何给定的时间，资金流动、客户不同方向以及不同规模的期权买卖，都有可能让一个月份的合约比另一个月份的合约更贵或者更便宜。通过评估不同月份合约的定价，可以找到任意给定时间最适合买卖的合约月份。这也可以带来跨月套利交易的机会。

请记住，你的目标是卖出那些相对风险来说价格最高的合约。寻找这样的目标合约月份大大提高了保险费收入。不同的月份可能存在不同的买卖动机。如果交易者要在一个特定的月份卖出，或是跨月买卖，稍微深入分析下，看看为什么这些月份的定价让该交易可能不如刚开始看上去那么好了。然而，有时候大额交易员大斧一挥，仓位巨变，合约月份间的关系就乱了。当这种情况发生时，你应该充分利用该信息优势。

评估偏度

期权最未得到充分利用且普遍存在定价偏差的一个部分是偏度曲线。偏度是指由对冲活动产生的认购或认沽期权相对平值期权的折溢价水平。大家都希望能防范证券标的下跌的风险，无论是股票交易者、个人退休账户（IRAs）、401（k）⊖还是养老基金。为做到此点，大多数

⊖ 401（k）是指美国 1978 年《国内税收法》新增的第 401 条 k 项条款的规定，是一种由雇员、雇主共同缴费建立起来的完全基金式的养老保险制度。——译者注

对冲基金都采用期权领口策略来保护持仓,即买入行权价低于目前市场价格的认沽期权并卖出行权价高于市场价格的认购期权。交易将创造比平值期权更贵的认沽期权以及比平值期权更便宜的认购期权。虽然并非总是如此,但如果看看标普指数(SPX)等的期限结构,可以看到对冲活动是如何影响波动率曲面的。

对冲活动并非一成不变,在任意给定时间内,认购和认沽期权都有可能被高估或低估。偏度曲线持续上下波动。根据曲线斜率,买卖相对便宜或贵的期权可能在不同市场环境下表现不同。了解曲线的价值可以成为你武器库中的强大武器,帮助你决定参与哪些合约的交易以及在什么价位上执行交易。

评估其他产品

由于不同指数之间存在相关性,绝大多数交易 SPX 的机构也都参与 OEX(标普 100)、RUT(罗素 2 000)、NDX(纳斯达克 100)、ES(迷你期货)以及其他期权的交易。交易员必须确保不过度"钟爱"某一产品。例如,标普 100 指数相对于标普指数的历史 delta 约为 0.98。然而由于流动性影响,它有可能被大幅高估或低估。如果专注交易一个产品,交易者可能会错过高度相关产品上更好的机会。在开始交易之前,要确认这笔交易是否是当前机会最好的交易。如果偏好特定的产品,交易者需要研究与之高度相关的产品,并且使用我们上文提到的方法来评估它们。记住,保险公司并不关心将保险卖给谁,只关心将统计意义上最好的产品卖出最高的价格,获得最多的回报。

交易

现在已将决策范围缩小到特定产品，该设计交易，然后执行。要获得最好的交易，交易者需要选择行权价格，并尽可能实惠地完成交易。

选择行权价格

当一个大客户在偏度曲线上方和下方买入或卖出不同行权价格的期权时，不同行权价合约之间可能出现高估或者低估的情况。持续买入相对低估行权价对应的期权合约，卖出相对被高估行权价对应的期权合约，在贷方价差上可以产生相对较高的收入。每笔交易仅获利几美分，虽然开始可能看起来微不足道，但这在投资组合中意义重大。一个资金充裕的 TOMIC 每个月可以做 15 ～ 30 笔交易，每笔超过 1 000 张合约。这相当于每月交易 10 000 ～ 100 000 份合约。每份合约的成交价平均提高 1 美分，很快就会数额可观。

关键是不要与 delta 或虚值程度过分纠缠。如果想卖出行权价为 10 的认沽或者认购期权，但是行权价为 11 或 9 的期权卖得更好，那么你最好卖出后者。如果想卖出 5 个点宽的跨期价差，但当前卖出 10 或 15 个点宽是相对更好的交易，那么应该坚决卖出后者。开始交易时要评估波动率曲面，当期权价格在你研究过的行权价附近最贵时卖出它。

价格

新交易者很容易忘记的一件事是波动率等于价格。你付给做市商的每一分（做市）费用，其实是在卖出略低的隐含波动率。如果知道卖出的隐含波动率，就能知道其等同的市场价。然后尝试以该价格执行交易。如果你不能以给定的价格交易，那么你最好不卖，没必要在交易中做出太多让步。请记住，在合理的价格成交才有利。

交易者可能无法在中间价上获得报价，但也不是非得如此。如果交易者知道所愿意售出的最低隐含波动率水平，就可以轻松地计算出愿意接受的最低卖出价格。用隐含波动率和vega确定愿意做多少让步。

例如，假设期权价差合约中卖出合约的隐含波动率为21%，价格是2.00美元；你愿意把它在低至20%的隐含波动率上卖出。价差合约的净vega为0.05。$0.05 \times 1\% \times 100$得出价差合约价格上有0.05的空间。因此，你愿意以1.95美元的价格将该价差卖出，但不会比这更低。

订单录入

当马克还是场内交易员时，他习惯使用即时通信与经纪人实时联络。一些最大的机构会给出一些"流动性"，有时他会相应地交易。做市以及成为交易的对手方是他工作的一部分。不过，有时候他成了经纪人，他要选择经纪人来代表我交易。一开始，他尝试了各种经纪人类型：场内执行经纪人、楼上经纪人，他甚至尝试在人群中当自己的经纪人来成交订单。一段时间后他逐渐了解了哪些经纪商更容易成交不同股票以及ETF。可以合作的经纪人数量迅速下降，最终马克只用了三人。为什么？因为顶级经纪人与交易员一样，获利颇丰。他找到最好的经纪人去实现他的目标，不再考虑别人了。其忠诚度换来的是更好更稳定的报价成交。但是他从没有只局限在一位经纪人。对他来说，拥有灵活度很重要，可以将订单发送至最合适的经纪人。

你可能不需要每天都和经纪商进行交谈，但如果你正在运营一个 TOMIC，那么你每天都会使用经纪人。出于以下几点原因，挑选最好的经纪人是很重要的：

- 经纪人擅长交易不同的产品。如果将期货期权纳入 TOMIC 业务中，则可能需要增补一位经纪人。大多数经纪人都可以提供所有的服务，但并非对所有业务都擅长。一旦 TOMIC 足够大，有足够的资金进行期货交易，那么交易应被分配给最好的期货经纪人。仅在期权经纪商处交易期权。
- 如果有兴趣学习或交易某种产品，而你的经纪商没有这种产品，请考虑在另一家公司开一个小账户来学习。
- 擅长分析的经纪人可能缺乏很好的订单执行经验。有必要花几美元在别的经纪人处获得实时数据和强大的分析报告。

在 TOMIC 选择期权经纪人时，你应该注意以下内容。

- 低佣金：开始时，压低或免去基础佣金是非常有帮助的。但是，随着时间的推移，基础佣金加上较低的单张合约佣金，通常是更好的。
- 理解价差订单簿的能力：许多交易者没有意识到订单信息有多么重要。可以通过查看价差订单簿找到有价值的信息，例如可以发现比当前交易更好的价格以及柜台报价。
- 将订单送到交易所的能力：你需要知道，"智能路由器"确实智能，但并不是对公众所展示的那样。订单通过一种算法进行传送，该算法可以估算将订单送到哪里，算法本身可以获得最大利润，而不是订单在哪里最可能获得最好的成交价。拥有将订单传送到特定交易所的能力，就可以不依赖那些不让你获得最好报价的算法了。虽然可能听起来很琐碎，但将订单传送到特定交易所交易可以获得相对更好的成交价。换言之，当买入认购期权时，成交价对应的标的价格相对低些。[⊖]如此只要看订单在某一交易所成交即可，而不会因不够好的成交而受到教训。

一旦选好了最佳经纪人，就要选择与之匹配的最佳交易所了。首先将订单送到拥有最佳报价的交易所。拥有最佳市场的交易所一般会提供最好的成交机会，除非最好报价由所谓"做市商模式"的交易所产生。有意思的是，那些拥有最佳报价的交易所对交易者完成订单能力的影响有限。

如果认为柜台买卖价相同，最多买价或卖价可能会改善的观点是毫无根据的；然而，如果某一交易所相对其他交易所有较大的订单交易量，那么将订单发送到该交易所可能更有利。

关键就是将订单送到最有利于成交的交易所。有两个这样的交易所，芝加哥期权交易所（CBOE）和国际证券交易所（ISE）。其次是费城证券交易所（PHLX）、纽交所高增长市场板块（NYSE-ARCA）和美国证券交易所（AMEX）。这些交易所在某些产品上具有主导作用，最适宜将订单送到那里。永远不要将订单送到"流动性提供—流动性消耗"模式的交易所，除非你正要在该报价成交。做市商几乎都讨厌为了成交而付手续费，这对成交价造成影响。

⊖ 原文有误。原文是"when buying a call, you will be able to get filled with the stock price slightly higher"，根据意思，买入认购期权，更好的成交价对应的标的价格应更低一些，故进行修改。——译者注

知道要交易什么后,下一步是如何提交订单。以下是几种让订单成交的方式。

首先要了解的是小订单如何成交。回到电脑交易以前的日子,如果复杂订单进入市场,做市商会对组成复杂订单的每条"腿"(合约)进行单独定价,加减买入和卖出的订单,并构建出市场。在这种环境下,做市商可以在交易前查看订单,愿意为每一个价差做出更优惠的报价。价差策略提供了更多的安全性,它在买入一个期权合约的同时卖出另一个期权合约,意味着合约的一部分风险已经被对冲了,交易者可能仅需要交易较少的标的进行仓位对冲。如果订单太复杂,那么做市商也不会喜欢,例如多种行权价、多个月份、不同行权价之间的奇异价差这类很少见的复杂订单。

现在,事情有所不同了。复杂订单大多由算法执行,而不是由个人交易者处理。因此,做市商必须特别小心,他们愿意为各种类型的订单提供多少空间。像添华证券(Timber Hill)和城堡(Citadel)这样的公司,很像电脑黑客,不断测试发现交易所的交易系统缺点。它们尽可能地选择更快速、更高效并且可以承受更大订单的报价算法。

正因为如此,交易越简单越容易成交。相对于标的价格,单一期权订单的成交价几乎总能比价差订单的成交价更好。问题在于,这将给 TOMIC 交易者带来方向性风险,这是要不断尝试避免的问题。所以,除非交易者打算在构建价差组合期间不断来回交易标的,否则不建议买入或卖出单一期权来构建价差组合。

事实上,尽管类似 delta 中性的交易成交相对困难,但是几乎所有新手交易者都会一次性完成 delta 中性订单。当在执行订单方面越来越有经验时，应该开始拆单。事实上，作为散户交易者，会发现偶尔一两次定价错误的情况下，价差订单会比单一订单获得更好的报价。但记住，单个期权报价一般是最高效的；因此，做市商不太可能打乱你的交易计划，但是你也不太可能从市场获得优良的报价。

等你更有经验了，先尝试下成交整体订单。如果不能以有效价格做到此点，那就将订单拆开。这可能是你最好的选择。认购以及认沽价差比铁鹰式或蝶式期权更容易成交。按照成交的难易程度，可以得到将复杂订单拆开的最佳顺序：

非传统价差

铁鹰式

双对角线

跨式期权

宽跨式期权

蝶式

垂直价差

日历价差

单一期权交易

一个警告：有时候，一笔不常用行权价的小交易可能正好被算法交易成交了。所以，非传统价差交易的成交价可能会让你吃惊。

订单大小

10张以下的订单比10张以上的订单更容易成交。大多数算法旨在让做市商知道，市场上有订单可以交易，除非它优势巨大或公司报价系统非常精准，否则不要以价差大量交易。从小于 10 张合约的价差交易开始，这将帮助你更好地完成交易。

处理订单

报价给出了"中间价"并不意味着报价就是中间价。"订单簿订单"可以不考虑买卖价差，也可以不考虑波动率计算，它们可以人为地降低或提高所计算中间价的隐含波动率。交易波动率中，你所用到的波动率将影响到中间价。交易者确定了中间价后，不妨尝试比它更好的价格。

计算机给出的价格并非就不会出错。如果交易者输入错误的隐含波动率，计算机自动完成交易。此外，交易者或交易团队的交易方式可能会导致以高于中间价的报价成交。这种情况也可以归到"不妨一试"的类别。

大多数做市商在"持证上岗"前至少进行一年的培训。作为 TOMIC 交易员，你是自负盈亏，用自己的钱交易。自己的交易行为要尽量严格，并争取每次都获得最佳报价。要记住，每天在 1 笔 10 张合约的交易上节约 0.05 美元，一年就是 12 500 美元。

简单来说，以下概括了我的思维过程，我也鼓励所有交易者进入市场时都能参照。按照此清单，制定自己的方法，希望能够在各种交易中磨砺完善。

交易执行清单

交易前：

- 要在哪个市场交易？

- 市场的方向如何？
- 是否已了解市场的波动性水平？市场的历史波动率如何？隐含波动率多少？是否检查了偏度？
- 将会使用什么策略？
- 如果这是复杂的价差交易，它将如何执行？拆分成单个订单执行是否值得？会把它拆分成交吗？还是会将它作为复杂订单发出呢？
- 允许最大的损失是多少？
- 预期回报是否在承销参数之内？
- 该交易的目标利润是多少？
- 交易的头寸规模是多少？
- 是否符合仓位头寸参数？
- 交易在什么时候需要调整（如有）？
- 可能对交易做哪些调整（如需）？

交易期间：

- 交易是否达到调整点？
- 交易是否达到盈亏目标？

交易后：

- 是否在交易日志中记录交易？
- 是否遵循了交易计划？
- 如果没有遵循交易计划，为什么？

| 第 5 章 |

交易计划

没有计划就是打算失败。

——阿兰·拉金

并不是每个企业都有一个商业计划,但每个成功的交易员都有交易计划。要想获得稳定的收入,你需要一个计划给自己一个可以定义参数并保持专注的框架。

制订计划不是开办企业的先决条件。但是,制订计划通常是创造成功企业的前提。很多人都可以创建企业。每年新成立的公司很多,但是最终只有那些拥有计划并良好地付诸实施的企业才能生存下去。在交易业务中,成功交易者拥有并跟进交易计划。制订交易计划是为了防止交易时的情绪波动带来不必要的风险。交易计划建立了一个框架,可以为交易者提供 TOMIC 交易流程。交易计划描述了在每种情况下应该怎么做,就像飞行计划和应急计划的二合一版本。

交易计划包含交易指引。它定义了你的游戏方式。你可以在交易过程中制定自己的规则，但关键是要保持一致。如果你的规则不起作用，请重新创建计划。坚持计划并不断评估绩效是你了解测试规则是否有用的唯一方法。

在赌场的 21 点赌局中，庄家需要根据既定的参数给客户发牌。例如，庄家必须在 17 点停住，并且必须在 17 点以下的时候要牌（摸一张牌）。这是赌场对庄家一致要求的特定规则，这样做是为了使赌场拥有竞争优势。与此类似，交易计划为交易员提供可以持续产生稳定结果的框架。交易计划让你有机会通过遵守计划来不断获取更好的结果。

心态

心态对于 TOMIC 或任何业务经理来说都非常重要。当美国海军进入战场时，他们知道自己正在为国家而战，他们无论如何都不会被抛弃。其他海军成员在为自己提供防御，这样的信心鼓舞战士在任何场景作战。

管理 TOMIC 投资组合需要对交易计划充满信心。对交易计划的信念使你摆脱困境并持续获利。但是，仅对计划有信心是不够的。有时严格遵守计划会有些困难。这就是为什么成功的 TOMIC 经理必须要保持专注、自律、大胆、灵活和谦虚。

TOMIC 是一个企业。执行交易计划往往需要很多的投入以及承诺才能够赚取利润。这个过程中，心理也会在诸多影响下起起伏伏。这不是一件容易的事情。市场不断地挑战你。然而，你的敬业精神终将克服情绪的波动。

你必须要严格自律，执行交易计划，确保交易的进入和退出都遵循交易计划的要求，并正确地执行承保。遵守纪律将帮助你克服交易的情绪。交易员投资组合爆仓的最大原因之一是不会及早止损。因为失败的情绪太强烈了，导致不想接受亏损。即使计划指出及时止损可以避免更大的损失，不守纪律的交易者仍然会无动于衷。交易者必须做好准备，到了需要承受亏损的时候，遵循交易计划，接受现实。

TOMIC 的经理也需要大胆果断。你必须决定是否接受突如其来的机会。你也需要在机会稀缺的时候放弃交易。此外，你的大胆果断让你在适当的时候做出关键决定。

灵活性是一个很好的特征，但却经常被 TOMIC 经理低估，它可是最重要的特征之一。当事情进展不顺利时，灵活性与大胆性可以让你逆转。假设你持有一个看涨倾向的投资组合，而市场已经由牛走熊。你需要做出决定，将投资组合从看涨倾向改变为看跌倾向。如果你不够灵活和决断，这将不是一项容易的决定。

保持谦逊是成功 TOMIC 经理的另一个特征，也是更重要的特征。市场会发送许多不确定的信息。每年都百分之百交易成功的可能性是很低的。记住，即使沃伦·巴菲特也有不良的投资份额。例如，所罗门兄弟、美国航空公司、金属银（2010～2011 年金属银大涨之前）。不过，请将坏的交易视为学习机会。糟糕的交易可以提供反馈，教你如何做好下一次交易。谦逊是不要将损失归咎于个人的关键。损失也是业务的一部分。如果没有损失，没有人需要购买保险，那么 TOMIC 将会破产。

总而言之，心态是经理和交易者的关键。你需要保持专注、守纪、大胆、灵活和谦逊以获得 TOMIC 的成功。如果你有一个强大的心态，你将会成功。

当交易进展不顺利时，要胸有成竹，不要惊慌。很大的不确定性会让你赚取或者损失财富。做交易需要心理韧性。就像体育界的伟大冠军，迈克尔·乔丹和老虎伍兹，他们有精神上的韧性才能遵守规则并克服困难，取得最后的成功。交易也是一样的：你一定要为最坏的情形做好打算才不至于手足无措，并且知道该怎么处理。例如，商业航空公司的飞行员遇到紧急情况时会冷静地浏览检查清单。切斯利·舒伦伯格机长的例子可以让我们更清楚什么是"有备无患"。2009年1月15日，美国航空公司的飞机撞上一只小鸟，舒伦伯格机长不得不把飞机迫降于曼哈顿的哈德逊河上。幸运的是，舒伦伯格机长经受过紧急情况训练，他可以将制订好的计划完美执行。正是因为完美地执行了计划，他挽救了所有乘客的生命。制订交易计划有助于你将不同场景提前绘制出来，并为紧急情况下的工作提供指导。

遵循交易流程的重要性

你认为如何更好地开展一项业务呢？坚持流程还是凭借直觉？靠运气还是靠努力？俗话说，"做得好不如运气好"。但是，你不会一直被幸运眷顾。那么，我们可以从中总结出什么经验呢？

假设你知道如何玩 21 点，来看看如下情形。你有一张 10 和一张 8，使你得到 18。庄家的点数显示为 6，也可能是一个 16。在这种情况下，他将不得不继续要一张牌，可能的结果是爆仓。你继续游戏

（要一张牌），幸运地得到一张3，让你的点数变为21，成了赢家。桌子周围的玩家都与你击掌庆祝，你觉得自己是一个伟大的赌徒。如果你是TOMIC的经理，你对你所做的一切感到满意吗？在手里点数为18，庄家的点数为6的时候继续要牌是不是明智的举动？即使你赢了，取得的结果是否符合你承受的风险？

在现实中，如果能够一直保持幸运的话，当然是好事，毕竟幸运是非常有用的。然而，你在21点牌桌上的举动被证明是一个不明智的举动。如果在你获得牌的时候爆仓（损失）概率非常高，庄家持有16点并且需要继续获得牌的概率也非常高，他爆仓的概率也就会非常高。在这个情况下，你应该停住，让庄家抽牌。如果你停在18点，则有非常大的概率可以获得胜利。继续要牌可能是个不好的决定（或者说是愚蠢的决定）。嘿，你赢了。但是我们不会雇用你来管理我们的钱。你赢了是因为你很幸运。从长远来看，这样的决定可以一直保持你的胜率吗？

坚持流程在TOMIC是非常重要的。当你发现一个好的交易可以带来盈利的可能，你就应该开展这一类交易。从长远看，虽然这种交易方式并不意味着你每一次都能够盈利，但你赢的概率将比输的概率大。你认为没有优势的交易便不会去做。作为21点玩家的你也不会仅因为感到幸运，而在拥有18点的时候还继续要牌。有些时候你会感觉到其他人在赢，而自身的参与感很低。有时你在玩而别人不参与。但是，从长期看，你赢的概率是大于输的概率的。

你应该选择考量结果还是过程呢？想要持续成功，你需要坚持流程。但是，你知道结果也同样很重要。在短期内，过程优先于结果。

但从长远来看，结果优先于过程。如果你坚持投资流程，即使短期结果为亏损，但长期结果仍会显示为盈利。否则，如果你从长远来看没有赢，那么这个流程将不得不被改变。回到 21 点的例子，当庄家显示为 6 时，你不会在 18 点的时候继续要牌。当庄家实际上有 6 和 5 构成的 11 点并且继续要到 10 点时，你可能会亏损。但是从长远来看，保持 18 点的赢率更大。

投资流程是很关键的。使用检查清单罗列好你需要的事前检查事项会让你事半功倍。你知道飞机在起飞之前，飞行员会逐项检查清单中的每一项吗？例如他们会问这样的问题：有足够的燃料支持我们到达目的地吗？你不觉得这是一个非常关键的问题吗？一个清单即是一个流程。这也是交易计划能够给你带来的：一个流程。

你知道一个检查清单（拥有一个流程）可以挽救生命吗？

约翰霍普金斯大学医师研究员皮特·普罗诺弗斯特博士开发了一个简单的五步清单，挽救了很多人的生命。

通过 2010 年 3 月 8 日在美国医学报上刊登的《密歇根医院靠清单降低感染率》，我们可以了解密歇根医院使用清单所带来的好处。文章讲述导管相关的感染是重症监护病房中病情最为严重病人的常见并发症，并导致每年约有 17 000 人死亡。文章指出，照顾每个感染病人的费用为 45 000 美元。

密歇根医院采用了一个简单的五步检查清单，在一年后实现了将导管相关感染率降低 66% 的目标。他们将每 1 000 个导管使用日的中心线感染率降低到零，而这一指标的全国平均感染率为 5.2。他们的清单包含五项：洗手、插入导管时采取全隔离预防措施、用氯己定清洁皮肤、避免某些区域插入导管以及移除不必要的导管。[1]

以下内容摘录自2008年1月22日发表在《纽约时报》上的文章《医院挽救生命的基础清单》：

通过使用清单，在这些不同医院的重症监护室，导管相关的平均感染率在18个月内从4%降至零。清单挽救了1 500多人的生命并节省了近2亿美元的费用。而方案本身只需要花费50万美元。[2]

简易的五步清单用以帮助重症监护病房的医护人员遵循步骤挽救生命，收效惊人。你认为你的投资清单能为你开源节流吗？一定会的！

你需要在TOMIC中执行流程，这就是为什么你要有交易计划。你需要对不同TOMIC的功能准备不同的清单。在承保过程中，你将会制定交易选择和风险管理的流程。另外，你也会对交易执行准备流程。每一步都有一个清单储备，以帮助你避免失误。当庄家给出6点的时候，你就不会在18点的时候再选择要牌。你严守纪律，认真对待工作。你是赌场，而不是赌徒。当你再交易时，胜算在你这边。交易有成有败，但是流程有助于让你遵守纪律，以确保你赢得多输得少。

---

[1] Kevin B. O'Reilly, March 8, 2010, "Infection Rates Drop as Michigan Hospitals Turn to Checklists," *American Medical News*, www.ama-assn.org/amednews/2010/03/01/prsa0301.htm, retrieved October 2, 2010.

[2] Jane E. Brody, January 22, 2008, "A Basic Hospital To-Do List Saves Lives," *New York Times*, www.nytimes.com/2008/01/22/health/22brod.html?pagewanted=print, retrieved October 2, 2010.

交易计划应该回答的问题

每个 TOMIC 经理都有一种交易风格,就像每个司机拥有不同类型的汽车(SUV、轿车、跑车、小型货车等)一样。每个驾驶员都有一个最舒适的巡航速度和一个从 A 点到 B 点的路线。但是,每个驾驶员都需要遵守一套交通规则,以避免事故发生。例如,高速公路和学区的速度限制有所不同。

TOMIC 经理设定自己的规则,通过自己的交易计划自我"限速"。交易计划的目标是提供具体参数以帮助你进行交易。像驾驶员的限速器一样,交易计划应该为 TOMIC 经理的交易提供一套交易准则和界限。

每个交易计划都对不同的交易员设定不同的参数,同时也应该回答一些重要的问题。以下是你在交易计划中应该回答的问题列表。

- 你经营 TOMIC 的目标是什么?
- 你准备在哪些市场交易?
- 你需要采用哪些策略?
- 进行交易需要什么条件?
- 什么条件会让你关闭交易?
- 你的风险管理参数是什么?
- 你如何执行交易?

尽可能详细地回答这些问题,要具体。问自己更多的问题,并作答。可以考虑以下问题。

- 目标：TOMIC 的经营目标是什么？TOMIC 的业绩需要取代你目前的收入吗？你的目标是使你的资本持续达到 20% 的年回报率吗？TOMIC 是学习交易期权的工具吗？TOMIC 是否需要在任何市场情况下都产生正向回报？
- 策略：你将在 TOMIC 中使用哪些策略？你会只使用正 theta 交易吗？或者你会一起做正 theta 和负 theta 交易吗？你会主要采用铁鹰组合、蝶式、日历价差等策略吗？你感到最自信的三个交易策略是什么？它们需要满足什么条件？你会在什么条件下避免使用哪些策略？
- 入场参数：对于你决定交易的每个策略，需要满足什么条件才能执行？
- 退出参数：你退出交易的盈亏标准是什么？
- 风险管理：调整条件有哪些？你有安全界限吗？你的风险阈值是多少？如果一个投资组合的损失超过投资资本的 2%，你该怎么办？如果你的投资组合在一个月内损失超过 6%，你该怎么办？
- 交易日志：你将在交易日志中保留什么信息？是否已经记录足够的信息用于有关交易决策验证的分析审查？你会使用任何特殊的软件来保存你的交易日志吗？

回答这些问题将有助于你构建交易计划。请创建并使用你的计划。在增加内容的过程中不断修改提升。没有交易计划是一成不变的，但它是建立成功 TOMIC 需要的第一个"基石"。我们将在第 10 章中详细阐述如何建立交易计划。

| 第6章 |

交易基础设施

交易基础设施由TOMIC所需的各种后台元素组成,包括但不限于风险资本、经纪人、交易平台、分析软件、投资组合保证金、信息来源、专用办公空间和备用计划。

风险资本

定义初始资本是TOMIC交易基础设施建设的第一步,接着可以不断拓展TOMIC的商业模式。它可以从小业务起步,不必改变太多,逐渐壮大。真正发生改变的是运营者的技能。

每个生意的起步都需要资本,即使是卖柠檬水的小摊,也必须要有一些资金来购买柠檬、糖和冰。TOMIC则需要资本来满足其交易时的保证金要求。保证金要求相当于保险公司的储备金。允许保险公司卖保险的前提是，储备金能够覆盖所有已卖出保险的索赔额。

什么是合适的初始资本规模？

根据交易者的计划，可以仅用5 000美元启动。如果是刚刚开始，可以准备小额账户，并随着经验以及利润稳步增长而逐步拓展交易范围。

作为TOMIC运营者，可以参考的TOMIC初始风险资本水平如下：

0级～初学者　　5 000～10 000美元

1级～中级　　　10 000～100 000美元

2级～半专业　　100 000～500 000美元

3级～专业　　　500 000美元以上

0级～初学者：初学者刚开始进入期权交易，尚在学习交易期权的基础知识，向经纪商发送订单，并明白如何交易和取消交易。初学者应该从小账户开始，让他们能够交易小批量的合约并积累经验。一些经纪人提供"模拟账户"以供模拟交易，这意味着你可以用虚拟钱币来交易。芝加哥期权交易所（CBOE）也有这么一个模拟网站。模拟账户有助于学习如何使用交易平台。但是，它们对于学习如何操作TOMIC没有帮助。用真实货币做出决定的压力与使用虚拟钱币的压力有很大不同。作为初学者，你应该从真实的资金账户开始。

1级～中级：中级经营者对期权基础知识有着较好的理解，并知道不同交易策略如何构成（如蝶式、鹰式、日历价差和对角价差）；理解策略用途，并懂得一些在不同环境下的交易选择和策略运用。你知道怎么样做会陷入麻烦，大部分情况下也知道该如何摆脱困境。

2 级～半专业：半专业 TOMIC 经营者已经具备更多的经验。这类交易者能很好地掌握不同的期权策略并且知道何时适用。交易者知道什么交易有最好的风险回报率，也知道如何交易并做出调整。此时，交易者清楚该如何盈利。交易者可能还有其他工作或已经退休，只是兼职管理 TOMIC。收入的很大一部分来源于运营 TOMIC。此类交易者是管理交易的高手。

3 级～专业：以经营 TOMIC 为生的专业经营者。这类交易者所有或大部分的收入来源于运营 TOMIC。交易者可能是个人注资 TOMIC 或在 TOMIC 中管理其他人的钱，管理整个投资组合。这意味着除了管理单个头寸的交易外，交易者还要管理整个投资组合的风险。交易者的希腊字母管理不仅涉及单个仓位，还将涉及整个投资组合，就像战斗中的将军那样要考虑整个战场。通常情况下，专业交易者的投资组合较大，且交易次数超过 0 级至 2 级交易者。还有一点：专业交易者的投资回报并不一定高于半专业交易者的回报，但是它们更为稳定。专业交易者知道如何运营 TOMIC 以达到稳定的回报。通过管理投资组合，专业交易者可以平滑投资回报的高峰与低谷，从而获得更持续稳定的回报。

交易平台（经纪人）

好的交易平台是至关重要的，特别是在交易期权期间。一人保险公司对交易平台有很大的依赖。由于只有一个人掌舵，所以进入和执行一个交易的容易程度是至关重要的。一人保险公司没有柜台交易员负责接收你的订单，并确保它们完成。你自己是交易柜台的交易员，也是整个公司的担保人、首席执行官和监事。拥有良好的交易平台将节省你的时间并防止代价高昂的交易错误。

在我们检验平台之前，对经纪人的选择不可忽略。以下是你应该在期权经纪人中发现的一些特征。

1. 期权专家：很多经纪人可以让你交易期权；但是，你应该寻找一个专门从事期权的经纪人。这点很重要，因为提供的工具以及收取的保证金都受到其专业程度的影响。

2. 了解复杂订单的保证金：如果经纪人专注于期权，他们可以提供更好的保证金条款。例如，一些经纪人需要向铁鹰策略的双方收取保证金（垂直信用利差）。良好的经纪人将只需要收取一个铁鹰垂直价差的保证金。如果他们了解期权，他们知道在铁鹰策略下最大亏损只会发生在一侧。因此，他们只需要针对铁鹰策略的一侧收取保证金等价物。

3. 客户服务：这是我们都想要、期望和应得的。

4. 信誉：你选用的经纪人应该让你有信心该公司不会破产。要确保经纪人是美国金融监管局（FINRA）和美国证券投资者保护公司（SIPC）的成员。

5. 交易平台：经纪人应该有一个很好的在线交易平台，让交易者轻松地交易期权。

6. 交易柜台：除交易平台软件外，经纪人应有交易柜台。当平台或互联网不能正常运转，或你需要人工服务时，交易柜台就派上用场了。

选择一组经纪人后,就需要看看哪个平台最适合你。平台影响你对经纪人的选择,除非账户较大,能够承担得起与你的经纪人进行交互的第三方平台。

交易平台需要拥有哪些重要特征呢?有诸如"易用性"等主观因素可供你自行决策。以下是优良的交易平台需要具备的特征。

1. 交易分析工具:这包括绘制风险图表以分析期权交易的功能。

2. 图表:该平台应具有一些基本的图表功能,可让交易者分析标的市场。

3. 易于使用:平台需要有易于使用的界面。大多数经纪商都有一个模拟交易平台,交易者可以在正式注册之前进行试用。

4. 可自定义的界面布局:不同的人视角也不同。交易者应该可以自定义信息的布局,这有助于加快数据收集和决策。

5. Excel 的外部链接:这不是一个"必须有"的功能,但它是非常有用的。交易者可以从平台获取实时数据在 Excel 中对表格编程处理,给予交易者计算的灵活性,并且在实时查找交易和监控仓位时非常有用。

在大多数情况下,平台与经纪人相关。但是,如果你开始管理大量资金,比如超过 100 万美元,那么经纪人不可知的第三方交易平台(诸如 Obsidian,Derivix,Microhedge 和 Real Tick 等)可能更为可取。

组合保证金

几乎所有的期权经纪账户都提供 Reg-T 保证金。因此，如果有允许期权交易的账户，就应该熟悉 Reg-T 保证金。直到 2007 年，Reg-T 都是散户的唯一选择。2007 年以后，一些经纪商开始向散户提供组合保证金（PM）。每个经纪人都有对自己组合保证金账户的最低要求。

组合保证金是计算保证金要求的另一种方法。组合保证金是对整个投资组合计算，而不是像 Reg-T 那样对每一个单独头寸计算，然后再累计。为计算投资组合保证金，经纪人对投资组合进行压力测试，并根据压力测试的结果计算所需余额。

TOMIC 的投资组合保证金意味着什么？这意味着它可以获得更多的杠杆。下面是使用 Reg-T 和组合保证金情况下买入认沽期权的例子。

持仓：

以 330 美元的价格买入 100 股 AAPL

以 18 美元的价格买入 1 份认沽期权 AAPL OCT 320

Reg-T 要求：

股票购买成本（33 000 美元）的 50%=16 500 美元

+

100% 认沽期权保证金 =1 800 美元

总共 Reg-T 保证金 =17 300 美元

PM 要求：

股价最多下跌 15% 的亏损（4 950 美元）

−

股票损失由认沽期权 3 950 美元的理论收益冲抵

净损失 =1 000 美元

总计 PM =1 000 美元

PM 和 Reg-T 的计算结果相差 16 300 美元。如果 TOMIC 账户风险情况没有任何变动，则此 16 300 美元的保证金将被释放。并不是每个持仓都会节约如此大额的保证金。但是，这个例子说明了 PM 与 Reg-T 保证金制度存在显著差异。

如果你的经纪人更保守，那么这将在标准之外增加额外的保证金要求。例如，如果你的投资组合过于集中在一个行业领域，经纪人可能会相应提高保证金要求。因此，当寻找可提供 PM 的经纪人时，请确保已经了解经纪人的 PM 要求。

注意：有 PM 并不意味着必须最大限度地使用它，但它给管理 TOMIC 带来灵活性，交易者应该始终了解拥有多少风险敞口并积极管理风险。如果是初学者，在更擅长管理整个投资组合的风险前，请使用更保守的 Reg-T 标准。

信息资源和其他分析工具

在互联网时代，很容易接收到过量信息。当在交易和管理 TOMIC 时，有数百个网站可以帮助了解世界上发生的事情。以下是对我们有用的网站列表：

www.bloomberg.com

finance.yahoo.com

www.seekingalpha.com

www.stocktwits.com

www.thestreet.com

www.theflyonthewall.com

www.tradethenews.com

www.livevol.com

www.cboe.com

www.ivolatility.com

部分网站免费，部分收费。根据你的交易风格以及所交易的产品和市场，探索并找到对你最有用的网站。

除了一般市场信息和经纪人提供的工具之外，交易者还可以选择使用第三方提供商的数据和其他分析工具来帮助改善交易选择和风险管理。

在某些情况下，你的经纪人提供的分析数据可能不如你期望的可靠。例如，希腊字母值是根据经纪人定义的模型计算出来的。一些经纪人因简化（或因变得懒惰）而不将所有变量纳入希腊值计算。他们也可能不会在计算希腊值时考虑股票分红。虽然这可能不是一件大事，但对一些专业人士而言影响巨大。因此，可以从你所信任的希腊值计算模型的数据提供商处购买服务。

查看和分析波动偏差及期限结构的程序也很有用。livevolpro.com 或 ivolatility.com 对选择交易很有帮助。

另一项有用的工具是模拟器或者回归测试工具。这项工具可以测试新的策略以及模拟你在交易当中会用到的风险管理调整策略。这对于致力于创建新系统的交易者是有好处的，但对自由交易者并不那么有用。像 ThinkorSwim 这样的交易软件在交易平台上集成了回归测试工具。此外，还可以购买一些软件包，如 Optionvue——一个受欢迎的期权回归测试工具。

专用空间

如今，你可能不认为拥有专门的交易空间非常重要。有人声称，他们可以从世界任何地方通过笔记本电脑连接互联网进行交易。这可能没错，但如果你靠交易为生，这并不奏效。期权交易业务的专用空间对交易运行是有帮助的。它可以是你公司办公室、家庭办公室甚至地下室的桌子。它是你可以集中精力，不会分心的地方。

你的交易空间应该是这样一个地方：

- 有助于集中精力。
- 没有打扰，例如孩子的尖叫或者吸尘器的噪音。
- 高速互联网连接。
- 舒适。
- 提供平静和安宁的环境。

备用计划

当以交易为生时，有必要有备用计划。你需要在基础架构中建造备份系统。以下是备用计划中需要考虑的事项：

- 从有线电视提供商、手机提供商或电话提供商中获得额外的互联网连接。
- 为电脑准备备用电池。
- 至少使用两名经纪人。
- 至少使用两台计算机，一台台式机和一台备份笔记本电脑。
- 请将经纪人交易柜台的电话设置在你的快速拨号或手机当中，以便交易平台失效时应急使用。
- 准备一个期货账户用于买入或者卖出标普500期货。随时知晓投资组合中标普500的delta有多少，这样可以随时通过买卖期货来对冲。
- 准备一个备用地点，以防办公室用不了（如管道爆裂、气体泄漏、断电或空调故障）。可以是星巴克、巴诺书店（Barnes & Noble）、图书馆、酒店、机场休息室或任何可以连接互联网的地方。

拥有一个备用计划很重要，虽然不一定会用到，但有时你会庆幸拥有一个这样的计划。

| 第 7 章 |

学习过程

> 最后生存下来的物种不是身体最强壮的,也不是最聪明的,而是最能适应变化的。
> ——查尔斯·达尔文

想要成功的 TOMIC 管理者,必须能够随着业务环境的变化而不断学习和适应。每个成功的企业都会收到反馈,这些反馈可能来自客户、员工、竞争对手和供应商。真正成功的企业通过这些反馈来不断改进自我。为不断改进,你需要将学习嵌入业务 DNA。可以使用几个不同的元素来实践。作为 TOMIC 管理者,你需要交易日志、参谋者和继续教育计划。

交易日志

每个成功的企业都有良好的存档管理,每位好交易者也是如此。这是成功运营 TOMIC 的先决条件。为什么良好的记录管理很重要呢？因为它们提供反馈并帮助你保持优良表现。

你会听到类似这样的说法："交易日志？当真？这不是浪费时间吗？"相反，交易日志正是高效利用时间的方法。橄榄球比赛中，参赛球队自己记不记分？教练会不会将比赛录下来并进一步分析经验教训？达拉斯小牛队如果不清楚以前的比赛有哪些可以提升的地方，要如何备战呢？

任何人都可以短期交易。但不是任何人都可以长期交易，并且在没有反馈的情况下持续盈利。为什么大多数好公司能一直经营下去？为什么像可口可乐、通用电气和苹果这样的优秀企业能够幸存并保持蓬勃发展？这是因为它们不断适应市场，它们及时调整策略并主动适应。你还记得可口可乐曾经推出的新款可乐吗？简直是可口可乐的一场灾难。他们改变了原有配方，结果销售额大幅下滑，其竞争对手获得了市场份额。接着呢？可口可乐公司不得不重新推出经典可乐。他们这样做正是因为他们听取了反馈意见，可口可乐消费者并不喜欢新可乐并停止购买。可口可乐公司及时注意到销售下降，并迅速发现问题所在。

为什么飞机要有"黑匣子"？是为了记录坠毁事件从而在 CNN 报道吗？不，这是为了提供反馈。知道事故中发生的问题是飞机制造商和航空公司在未来修正问题的唯一方法。

回到 TOMIC，交易日志就是你的黑匣子记录器。它旨在提供反馈并且协助提高交易业绩。所有出色的交易者，无论交易的是股票、期权还是期货，都应有交易日志。亚历山大·埃尔德博士在《走进我的交易室：最佳交易员实践指南》一书中给出了关于使用交易日志的很好的例子。

需要采集什么信息到交易日志呢？表 7-1 罗列了我们建议在每一次交易中记录的数据。你可以在此列表中添加任何可能有利于你衡量 TOMIC 管理经营效率的有利数据。

表 7-1　交易日志需要采集的数据

数据	样例	数据	样例
进入日期	11/21/2011	退出价格	0.20 美元
退出日期	12/21/2011	交易保证金（Reg-T）	9 000 美元
标的编码	AAPL	交易利润（亏损）	800 美元
进入时标的价格	372.00 美元	保证金回报率（% 保证金）	8.88%
退出时标的价格	390.00 美元	交易天数	30
策略	垂直价差空头	进入时标的波动率	30%
进入价格	1.00 美元	进入时期权波动率	28%

这些是交易者需要持续监控的变量。用 Excel 表格来监控 TOMIC 持仓非常有用。Excel 表格应包含实时数据链接，以便监控仓位。

请将所有已经了结的交易信息保存在交易日志中。每月、每季度和每年定期分析积累的结果，这将让你对自己的交易操作有所感知。另外，选择一个基准指数作为参照，以便判断你在该环境中的相对表现。

比如，回答以下问题：

1. 这个月、这个季度和今年交易了多少笔？
2. 有多少交易是有利润的？
3. 有多少交易是亏损的？
4. 胜率是多少？

5. 平均交易天数是多少？

6. 平均盈利次数是多少？

7. 平均亏损次数是多少？

8. 平均每笔交易的盈利或亏损如何？

9. 每笔交易的平均收益率（实现利润/占用资金）是多少？

表 7-2 是对 TOMIC 月度交易分析的一个汇总样例。该样例展示了 TOMIC 管理者绩效跟踪的相关数据。第一行显示损失的数量为 9，损失总额 15 445 美元，平均损失为 1 716 美元，第二行显示盈利信息，第三行显示交易总体信息。胜率（盈利交易的占比）为 94%，总风险资本为 1 833 878 美元，平均交易天数（DIT）为 26，平均收益率为 3.6%（=66 417/1 833 878）。如果换算成年收益率，将获得 63.8% 的收益。

表 7-2 TOMIC 月度交易分析样例

总计（美元）	平均（美元）	总计	描述
（15 445.25）	（1 716.14）	9	损失
81 862.45	535.05	153	盈利
66 417.20	409.98	162	总体交易
		94%	胜率
1 833 878.21			风险资本总额
		26	平均交易天数（DIT）
		3.6%	平均收益
		63.8%	年度收益
2/1/12 至 2/29/12			

按照月度、季度和年度周期性地跟踪交易表现可以帮助你了解做得是否够好，以及是否需要调整交易。例如，假设胜率下降到

90%——你认为有问题吗？也许有，也许没有。如果平均损失是 500 美元，而平均盈利为 500 美元，实际上是做得更好了。尽管胜率已经从 94% 下降到 90%，但是亏损/盈利比也从 3.2 下降到 1.0，而真正的预期回报从 0.75 美元上涨到 0.80 美元。比较表 7-3 和表 7-4。

表 7-3 94% 胜率以及亏损/盈利比 3.2

	平均（美元）	概率	预计支出（美元）
损失	(3.20)	6%	(0.19)
盈利	1.00	94%	0.94
		总预期回报	0.75

表 7-4 90% 胜率以及亏损/盈利比 1.0

	平均（美元）	概率	预计支出（美元）
损失	(1.00)	10%	(0.10)
盈利	1.00	90%	0.90
		总预期回报	0.80

交易日志使得你可以根据交易计划中定义的目标来检查交易表现。此例中，表 7-2，TOMIC 的目标是每月赚取 2% ~ 4%。因此，假设大部分资本都已经投入，TOMIC 这个月赚了 3.6%，就知道已实现目标。作为 TOMIC 管理者，反馈很重要，你会获得信心并且知道自己决策良好。但是，如果没有达到目标，反馈信息将提醒你调整交易。

参谋者

交易是一种孤独的行业。作为 TOMIC 管理者，你必须立足于现实。管理者的承保能力是 TOMIC 成功的主要因素之一。为了提高你的承保技能，也就是交易选择能力，必须对反馈意见呈包容态度。可以请他人帮助你获得交易反馈。如果有一群人了解 TOMIC 在做什么，并能提供反馈和建议，这将非常有用，将大大提高你的技能。关于设置反馈体系，有几种选择。两个最简单的方法是：①加入一个交易小组，②聘请一名交易教练。

加入交易小组

有人声称他们属于美国全国广播公司财经频道（CNBC）交易小组。这是完全错误的；看电视谈话节目的嘉宾讨论交易，不算是加入交易小组。

作为交易小组的成员，你拥有探索实践新想法的参谋者。交易小组还有助于提升责任感。尽管终究是你对所有交易负责，但该小组可以提醒你时刻遵循交易计划。最好找到一个与你的交易风格和背景相似的交易小组。

在选择交易小组时，你要问自己如下问题：

- 交易小组的目标是什么？
- 小组互动的形式如何？面对面、上网，还是通过电话？是否使用在线聊天室（如 Skype、AIM、Google Talk 等）？
- 会议多久一次？
- 有多少成员？
- 成员的经验水平如何？
- 如果每个人都是新手，这会是一个缺乏指导的小组吗？
- 如果小组成员的经验水平不同，经验丰富的成员愿意跟他人分享经验吗?
- 你给小组带来了什么贡献?
- 该小组是否保留会议纪要? 如果保留, 看一看他们在做什么。
- 是否需要积累资源?
- 该小组有教练吗?

聘请交易教练

交易教练会评估交易者的交易策略。他能够帮助交易者识别错误,并不断改进其交易策略。教练更有经验,并且愿意与你分享丰富的知识和经验。

在聘请交易教练时需要考虑的问题包括:

- 我能从教练那里学到什么?
- 教练能否提供推荐? 与接受过该教练辅导的人聊一聊, 了解教练的表现。
- 教练服务是否便利? 遇到麻烦时能否方便地联系到教练?
- 每周花多少时间与教练交流?
- 使用何种通信媒体? 如今, 使用像 Webex 或 Gotomeeting 这样的在线会议服务很常见。
- 教练是否拥有丰富的知识来激发你? 教练会不断挑战你以促使你改进吗?
- 教练是独立授业还是一个大型教练组织的成员?
- 教练是否提供可以参与的"学生"交易团体?
- 教练仍在进行真金白银的交易吗? 他的业绩怎么样?

- 他的沟通能力如何？

继续教育

无论从事什么职业，你总是可以找到学习改进业务的地方。所有高技能的专业人士——医生、牙医、律师和计算机工程师——必须跟上他们领域的发展。他们通过参加研讨会、上课和继续教育来做到这一点。

作为 TOMIC 的管理者，你也应该遵循继续教育计划，让自己保持在期权交易的最前沿。继续接受教育并不断提高自己的技能是在交易行业生存所必需的。你应该永远保持对新事物的学习，以便为任何事件做好准备。就像一个知道如何防御和如何出拳的空手道运动员一样，他可以仅用防御和出拳来保卫自己；然而，学习如何踢腿可以赋予他反击对手的可能性。同样的原则适用于 TOMIC 管理者。你应该熟练选择并掌握不同的期权策略。你也应该了解如何解读环境，选择最适应当前市场环境的策略。你要一直学习。

你的教育计划包括阅读书籍、参加研讨会、参加特别课程或加入辅导服务，如 OptionPit.com。有关继续教育的推荐书籍，请参阅附录 A。另外，你可以在附录 C 中找到相关服务的信息。

| 第二部分 |

THE OPTION TRADER'S HEDGE FUND

业务实际操作

| 第 8 章 |

理解波动率

交易者可能已经了解了定价公式的原理。想要充分理解期权交易，成为对冲基金交易者，就必须深刻理解期权运作原理。

期权定价模型差别很大。布莱克—斯科尔斯（Black-Scholes）期权定价模型[一]和惠利（Whaley）模型[二]有些过时，不过就像汽车或房屋，即便最先进的模型也要依托基础原理。期权模型包含5个因素：标的价格、行权价、到期时间、持有成本和远期波动率（forward volatility）。前4个因素很简单，但是远期波动率则不然。至今为止，远期波动率是决定对冲基金交易者（以及所有交易者）成功的首要因

[一] 简称 B-S 模型，用于欧式期权定价。
[二] 简称 BAW 模型，用于美式期权定价。

素，也是交易者唯一不知道的因素。

任何一位期权讲师、指导教练，或一本书、一个软件或者是一项服务，如果忽略波动率，或者没有将波动率作为成功的首要基本因素，那么价值就不大了。如果你不熟悉波动率概念，那么先停止阅读本书，在我们的推荐书目里随便挑一本书看一下。即使具备波动率的基本知识，波动率的实际运用也不是一个轻松的话题。本章介绍了波动率的要素和产生原因。

波动率产生的原因

模型使用的是远期波动率，但绝大多数交易者并不知道远期波动率会是多少。如果大家都能够确切地知道远期波动率，那么就没有交易它的意义了。事实上，波动率的不确定性是交易者最好的朋友。精通波动率的交易者更容易在期权对冲基金上取得成功。精通波动率并不意味着交易者需要拥有第六感，而是要理解隐含波动率的波动范围。

隐含波动率是大部分个人和机构交易者跟踪的波动率，不过几乎所有的人都理解错误。刚开始，大多数交易者并不理解什么在驱动隐含波动率。通常，个人投资者认为有间做市商的"锅炉房"[⊖]，期权价格是在那决定的。他们一般认为是做市商设定期权的价格，因此也就决定了波动率。这种认识和事实相差甚远。

任何特定时期，做市商都可能会决定市场，因而决定隐含波动率。

[⊖] 有一部关于金融诈骗的商战电影叫作《锅炉房》，此处隐喻做市商在大众不知情的情况下定出有利于自己的价格获利。——译者注

然而，长期来看，做市商并不能决定期权价格。期权价格由价格发现机制决定。如果做市商对期权报出过高的买价，市场会毫不留情地将期权卖给做市商。交易者可以选择：把买单大量吃掉或者降低自己的买价。一旦做市商在给定的波动率水平上承担一定的风险，他们会降低买价，同时降低卖价。这么做是为了管理持仓规模，波动率也随之下降。

如果做市商为管理持仓规模而过度卖出，不久会开始出现期权买单报价。很快，为了不以远低于刚买入的价格卖出太多期权，做市商不得不提高卖价。交易者也提高卖价，隐含波动率随之增长。

表 8-1 举例说明了以上市场情形。

表 8-1 举例：订单流变化时做市商如何报价

交易	买价	隐含波动率	卖价	交易
以 1.10 成交 100 张	1.10	30	1.20	
以 1.05 成交 100 张	1.05	29	1.15	
以 1.00 成交 100 张	1.00	28	1.10	
	0.90	26	1.00	以 1.00 成交 100 张
无交易	0.95	27	1.05	无交易

可以发现，做市商的买价越来越低。一旦卖价下降至 1.00，交易者找到了相同的买价。这就是做市商的信号，隐含波动率到 26% 时买卖价下跌太多。当做市商意识到波动率超卖时，会迅速提高买价。

做市商并不决定隐含波动率，而是由期权的供给和需求决定。做市商作为市场订单的对手方，由市场订单决定市场。相比前述例子中买方的行为，聪明的对冲基金经理可以更好地利用做市商，或者如前例中的卖方行为，更好地利用波动率，最佳交易就是以 1.10 的价格卖出 100 张。TOMIC 有能力发起交易，应该寻找卖出高估值合约的机会。

市场决定隐含波动率，而不是做市商。成功的关键在于其他人买入时卖出，其他人卖出时买入。聪明的对冲基金会从那些恐慌的或者是过度自信的对手方中获得风险回报。

三个维度

波动率看似简单，实则不然，原因是"波动"并不是单一维度的概念，实际上是三维的。交易者利用波动率决定价格时，需要考虑期权的各个方面：短期平值期权价格、波动率偏度和期限结构。

短期平值期权价格

任何时候交易最活跃的期权几乎都是近月平值期权。这些期权的交易决定了整体波动率结构。可以把平值期权看作是提供动力的船帆。船的其他部位影响速度，但风对帆的影响很大，更不用说帆的大小和相对于风的方向。平值期权的波动影响虚值认沽期权、虚值认购期权和整个期限结构。

如果近月平值期权的隐含波动率下降，那么远月期权同样下降。相反，如果近月的隐含波动率上升，那么其他月份的也上升。近月期权的"vega"不是最大的，不过该 vega 对隐含波动率的变化非常敏感。TOMIC 管理者将会发现，即使并不持有平值期权，但如此的敏感性是近月期权成为决定交易成功首要因素的原因。由于它具备"vomma"——相对于隐含波动率的最大敏感性——观察近月平值期权可以知道其他期权隐含波动率的变动。

波动率偏度

偏度，有时也叫作"峰度"[一]，代表期权波动率之间相关性的不同。存在几种类型的偏度。不过，股票或股票指数期权通常是"投资偏度"，也就是虚值认沽期权的隐含波动率高于平值期权，虚值认购期权的隐含波动率低于平值期权。虽然有时并非如此，例如目标股[二]（deal stock）、FDA公告相关股票（FDA announcement stock）和VIX期权的情况就不一样，但大多数情况下股票期权都有投资偏度。

偏度出现的主要原因可以归为股票市场的驱动力：天然做多。401（k）主要投资什么？大部分共同基金是做多股票。大多数个人账户是怎么样的呢？大多也是做多股票。事实上，如果交易者想要在个人账户做空，需要填写各种各样额外的表格和调查问卷，还需要满足保证金要求。市场的整体架构在设立时就是为了方便买入股票，而不便于做空股票。

这与期权有什么关系呢？对冲股票多头的方式有两种：

1. 买入认沽期权。
2. 卖出认购期权。

如果市场大部分的交易相同，所有人都在试图买入认沽期权和卖出认购期权，那么就会造成需求变化。认沽期权的买价变高，认购期权的买价变低。该现象会以某种方式被市场消化，并会在交易量上有

[一] 理论上，偏度和峰度有所不同。峰度（kurtosis）与偏度（skewness）是衡量数据正态分布特性的两个指标。峰度衡量数据分布的平坦度（flatness），正态分布的峰度值为3；偏度衡量数据分布的对称性，正态分布的偏度是0。——译者注

[二] 目标股，是指有收购传言的股票。

所体现。因此，产生偏度的主要原因是公众的交易行为。

使用偏度

跟平值期权类似，订单流决定偏度的波动。如果买入或卖出相对低价的虚值认沽期权或认购期权的交易大量存在，隐含波动率会变得不正常。交易者可以构建统计意义上有优势的持仓。一个过于平坦的偏度曲线可能是蝶式期权成功的最大决定因素，也会让反向价差和正向价差的表现更好。对于更基础的交易，交易者可能只想卖出虚值认沽或认购价差。

在"贷方价差"中，买入超卖期权或者卖出超买期权，可以获得额外的 0.02～0.10 点。如果每张合约节省 0.10 点[⊖]，每笔交易 10 张合约，那么一笔交易就节省 100 美元。这远高于一般情况下的佣金成本。活跃账户中每笔额外的 100 美元利润可以迅速累积成可观收入。计算得出，每月交易 500 张合约的基金可以节省 5 000 美元。

偏度之间的关系很复杂，而且对交易获利影响很大。交易者需要监控偏度。交易之前，应该逐个行权价、逐笔交易地检查偏度曲线，发现可能被错误定价的期权。

指数交易者的方法更复杂。需要做两件事：在全球范围挑选部分虚值认沽期权和认购期权，使用虚值比例或者 delta 来监控期权之间的相关性。例如，如果 delta 为 10 的认沽期权以 30% 交易，平值期权以 20% 交易，那么 delta 为 10 的认沽期权是以平值期权的 150% 交易。当 delta 为 10 的认沽期权隐含波动率波动时，可以观察到两者关系也

⊖ 1 张期权合约对应 100 股。——译者注

会变化。同时，观察平值期权的隐含波动率，了解曲线形状。

交易指数贷方价差的交易者需要监控整条曲线关系。可以从每笔交易中挤出几美分的收益。只是靠交易平台无法做到这点，但投资那些绘制曲线并捕捉机会的程序是值得的，它带来的盈利可以覆盖其费用。

单元期权（unit）

交易者需要了解虚值期权价格与波动率的关系。在某一时点，期权不再跟随波动率变动，而是开始以某个"价格"交易。也就是说，价格为 0.10 的 SPX 期权没有波动率。它的价格和彩票一样固定。虽然价格为 0.05～0.10 的期权变得有价值的可能性很小，但也不能过度强调这些期权的风险。价格为 0.10 的期权上涨到 15.00 的收益率是 1 500%，这种程度的期权波动根本无法定价。期权定价模型的设计并没有考虑"人为风险"。"人为风险"是指因存在重大损失风险，交易者不愿意裸卖出极其便宜的期权。1 到 2 个标准差的偏离是可以合理定价的，但是一旦股票或者指数波动超过 2 个标准差，就会超过定价模型可预测的范围，此时期权可能偏离到第 4 或第 5 个标准差。因此：

1. 从不卖出价格等于或低于 0.10 的期权。

2. 如果持有的期权空头价格低于 0.10，那么即使需要花费佣金，平仓也可能是值得的。

3. 卖期权以获取权利金的对冲基金，总是持有这些单元期权的净多头。

遵守以上 3 条原则，交易者可以避免重大亏损，在大幅上涨或下跌波动中，还有可能获得意外的收益。将基金的 5% ～ 10% 投资在期权保险上，长期来看会得到回报。

期限结构

同偏度和平值期权一样，期限不同的期权合约数量不同。离近月越远，合约月份越不活跃。因此，1 笔大订单可以造成某一月份的波动远大于其他月份的波动。虽然整体波动率对日历价差来说很重要，但是交易者会发现观察不同到期日合约的关系会带来新的机会。

如果某合约月份出现不同寻常的订单流，那么交易者可以利用合约关系的变动获利。如果近月合约被低估，那么买入近月、卖出远月期权是合理的。个人投资者应该避免此类交易，但必须清楚当这种情形发生时，日历价差多头将亏损。当近月被高估时，卖出近月、买入远月是合理的。

对于隐含波动率的变动，近月合约比远月合约更敏感。当近月合约价格在快速波动市场中被高估或低估时，是交易日历价差最好的机会。部分交易者单纯地交易近月期权"vomma"就可以营生。

可以更普遍地利用近月期权价格表现。如果交易者只是想卖出铁鹰式、蝶式、宽跨式，可以监控波动率间的关系。当某月合约的波动率超买时，那么构建该月合约的鹰式组合和宽跨式期权是合理的。同时也提示你应避免买入或卖出不同的合约月份。

当交换波动率或者移动合约月份时，尤其对于个股期权，有以下几个陷阱需要重点关注：

- 收益。
- FDA 公告。
- 公司行为。
- 分红。

所有人都喜欢低买高卖，但是由这些陷阱造成的价差，最好还是不要理会。此外，如果某价差非常大，TOMIC 经理都认为它不合理，那也是存在原因的。需要深入研究、电话咨询、挖掘公告信息。如果这种交易好得难以置信，大概率就不是真的。

不要害怕交易不同合约月份间的变换情况。月份间是相关的，但不是固定关系。如果可以从月份间的变换中获利，将会比单纯的定价模型预测有更高的获利可能。

波动率和模型

隐含波动率是模型输出值，不是输入值。希腊值同样也是输出值。因此，交易者如果只是盯盘，掌控风险值的能力微乎其微。不管理波动率，就不清楚自己的风险参数。想要恰当管理风险，交易者应该模拟不同情形下希腊值和损益情况的变动。还必须知道所持合约的隐含波动率，这样才能回避散户交易平台的很多缺陷。

监控波动率，需要跟踪以下信息：

- 平值期权波动率。
- 偏度。
- 3 个月的期限结构。

跟踪以下持仓信息：

- 持有合约的隐含波动率。
- 持仓的希腊值。
- 预期希腊值。
- 波动率上升或下降 5%、10% 和 25% 时的损益。

| 第 9 章 |

常用策略

本章将介绍 TOMIC 最常用的 5 种策略的概况和实例。

如何构建主要的卖出价差策略？合理销售保险的确切标准是什么？显然，并不是所有销售都是平等的，成功的关键是在"好的价格"上卖出保险。本章介绍了 5 种价差，内容包括构建、管理和退出。虽然每位交易者的交易方式不同，但你可以花点时间了解每个价差，尝试找出你认为的最佳方法。每个交易者的风险承受能力和交易目标不同，故以下内容可以作为指南，而不是规则。当交易者构建保险策略时，可以调整和改进这些指南。交易者需要持续改进和调整方法。当条件改变时，必须调整策略的部分内容。

垂直价差

垂直价差是牛市认购价差、牛市认沽价差、熊市认购价差或者熊市认沽价差的统称。交易者看到不同行权价的期权垂直排列，故称之为垂直价差。

垂直价差是其他诸如铁鹰式和蝶式更复杂的期权之基石。如果交易者深陷荒岛，只能使用一种策略，那很有可能就是垂直价差策略。很多新手喜欢使用垂直价差策略，因为相对熟悉。新手起步时使用的是备兑认购期权或者是裸认沽期权。垂直价差可能由卖认沽和保险组合或者卖认购和保险组合构成。无论是牛市还是熊市，大多数交易者用它来进行方向性交易。

从定义上看，垂直价差由买入和卖出不同行权价、相同到期日的期权组成。

垂直价差可以看涨也可以看跌，可以买入价差（借方价差）也可以卖出价差（贷方价差）。

	牛市	熊市
借方价差	（1）垂直认购价差	（2）垂直认沽价差
贷方价差	（3）垂直认沽价差	（4）垂直认购价差

（1）垂直认购期权借方价差＝买入的认购期权行权价＜卖出的认购期权行权价

（2）垂直认沽期权借方价差＝买入的认沽期权行权价＞卖出的认沽期权行权价

（3）垂直认沽期权贷方价差＝买入的认沽期权行权价＜卖出的认沽期权行权价

（4）垂直认购期权贷方价差＝买入的认购期权行权价＞卖出的认购期权行权价

以下是使用不同垂直价差的情形。

牛市

（1）垂直认购期权借方价差：偏牛市且不介意 theta 损耗时使用。
（3）垂直认沽期权贷方价差：偏牛市且希望获得正的 theta 时使用。

熊市

（2）垂直认沽期权借方价差：偏熊市且不介意 theta 损耗时使用。
（4）垂直认购期权贷方价差：偏熊市且希望获得正的 theta 时使用。

重点关注贷方价差：垂直认沽期权贷方价差（牛市）和垂直认购期权贷方价差（熊市）。这些价差 theta 都为正。假设标的没有发生变化，随着时间推移，交易者也可以获利。

条件

当对市场方向有判断时，使用垂直价差最优。

波动率规则：在市场波动率平稳或下跌时使用垂直价差。价差的宽度取决于偏度的陡度。陡峭的曲线推荐使用更窄的价差，买入期权和卖出期权的波动率差别更小。如果偏度陡度较小，那么可以使用更宽的价差以节省佣金。

时间：通常在到期日前 30 到 60 天使用垂直价差。具体时间取决于价差的虚值程度。深度虚值期权的 theta 损耗更为线性，当交易者在进行更为长期的交易时，比如铁鹰式期权，在到期日前 30 至 60 天开始交易是最优的。

垂直价差案例

下例是苹果公司（AAPL）的垂直认沽期权价差。2011 年 10 月 13 日，30 天隐含波动率是 38，10 天历史波动率是 37。隐含波动率高于历史波动率，但在正常范围内。2011 年 10 月 4 日的隐含波动率为 51，之后持续下降。隐含波动率下降对该垂直价差有利。

2011 年 10 月 13 日上午 10 点，AAPL 价格为 405 美元，交易者下单 1 笔垂直价差，卖出 10 张 AAPL 11 月 360，买入 10 张 AAPL 11 月 350，每个价差收入 1.55 点，这笔交易共收入 1 550 美元，详见图 9-2。风险损益见图 9-1。

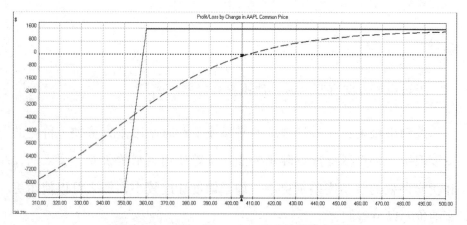

图 9-1　10 张 11 月 360/350 垂直认沽贷方价差

资料来源：OptionVue6.

Options	NOV <37>					
405 calls>	MktPr	MIV	Trade	Ex.Pos	Vega	Delta
400 calls	22.45	38.9%			50.8	58.2
395 calls	25.35	39.3%			49.7	62.3
390 calls	28.45	39.9%			48.1	66.3
385 puts	11.45	39.6%			46.1	-29.9
380 puts	9.90	40.0%			43.8	-26.3
375 puts	8.50	40.5%			41.2	-23.0
370 puts	7.25	40.9%			38.4	-20.1
365 puts	6.15	41.3%			35.5	-17.5
360 puts	5.20	41.7%	-10		32.6	-15.1
355 puts	4.35	41.9%			29.6	-13.0
350 puts	3.65	42.5%	+10		26.7	-11.1
345 puts	3.05	43.0%			23.9	-9.41

图 9-2　10 张 11 月 360/350 垂直认沽贷方价差的开仓详情

资料来源：OptionVue6.

11 月 4 日，AAPL 股价为 401 美元，低于卖出价差时的价格。不过，隐含波动率下降了。卖出时 AAPL 11 月 360 认沽期权的隐含波动率为 41.7%，2011 年 11 月 4 日隐含波动率为 34.1%（见图 9-3）。此时价差为 0.25 美元。交易者已经获得了 83% 的价差收入，选择平仓锁定利润。支付 250 美元平仓。当初卖出价差时收入 1 550 美元，平仓支出 250 美元，此笔交易获利 1 300 美元。

Options	NOV <15>					
410 calls	MktPr	MIV	Trade	Ex.Pos	Vega	Delta
405 calls	6.60	25.0%			32.2	48.9
400 calls>	9.30	25.9%			32.3	59.0
395 calls	12.40	26.7%			30.8	68.3
380 puts	2.23	29.6%			21.5	-13.0
375 puts	1.57	30.3%			18.3	-9.75
370 puts	1.16	31.6%			15.3	-7.32
365 puts	0.85	32.7%			12.8	-5.50
360 puts	0.63	34.1%	-10		10.6	-4.15
355 puts	0.49	35.7%			8.74	-3.13
350 puts	0.38	37.4%	+10		7.20	-2.38

图 9-3　10 张 11 月 360/350 垂直认沽贷方价差平仓详情

资料来源：OptionVue6.

这笔交易的保证金是 8 450 美元，盈利 1 300 美元。22 天的保证金收益率为 15.4%。

铁鹰式期权

铁鹰式期权由 2 个垂直价差组成，均为虚值期权：卖出行权价高于当前标的价格的认购期权价差和卖出行权价低于平值的认沽期权价差。铁鹰式期权的目的是卖出行权价与标的价格相差甚远的期权，那么在价差存续期内价格不太可能触及行权价，从而获取盈利。交易者可以阅读贾里德·伍德（Jared Woodard）的电子书《铁鹰式价差策略》，作为该策略的入门。

条件

波动率：铁鹰式期权的隐含波动率不用太高，高于标的平均真实范围⊖（ATR）即可。任何波动率情形下都可以交易铁鹰式期权。只有隐含波动率预期会高于 ATR 时，也就是你判断隐含波动率过高时才有影响。

低波动率时铁鹰式期权最有效。波动率更高时，权利金更高，或者需要构建的铁鹰式期权更宽，不过 ATR 通常也较高。高波动率情形下交易铁鹰式期权的关键是在波动率平稳或下降时卖出，而不只是在波动率很高时卖出。

⊖ 平均真实范围（average true range，ATR）出自 Welles Wilder《技术性交易系统的新概念》。ATR 是真实范围的移动平均(通常是 14 天的真实范围）。真实范围是以下 3 个数取最高值：①当前最高值减去当前最低值；②最新高值减去上个收盘价的绝对值；③最新低值减去上个收盘价的绝对值。

比如，2011 年 8 月 5 日，芝加哥期权交易所（CBOE）波动率指数超过 25%，高于历史水平，不过低于市场预期。如果此时卖出铁鹰式期权，那就是卖出"高波动率"，但卖出的并不是过高的波动率。两者是有差别的。此例中，波动率很高，不过处于上升阶段，而不是下降阶段，8 月 5 日卖出的铁鹰式期权会出现问题。

提前 1 个月时卖出铁鹰式期权，则是另一种情形。波动率指数远没有 8 月 5 日那么高，不过由于波动率在下降，铁鹰式期权是快速退出价差交易的方式。

波动率规则：成功的铁鹰式期权关键是平稳或者下降的市场波动率。

偏度：如果只是卖出宽跨式期权，偏度曲线可能是交易公式中最重要的部分。卖出铁鹰式期权，相当于买入宽跨式期权和卖出宽跨式期权，偏度似乎不太重要，不过仍然可以帮助交易者发现危险信号。

波动率低时，通常稍微陡峭的偏度曲线更好。平值之下，上扬的偏度可让期权空头距离平值更远一点。平值之上，认购期权价差空头将收入稍微多一点。这点并不太重要，不过也会产生影响。

过度陡峭的曲线可以看作重要警示信号。当隐含波动率还没上升时，偏度曲线提示买入，这是波动率突变的信号。在波动率上升时卖出铁鹰式期权后患无穷。两种情形下，偏度曲线会非常陡峭：波动率上升和波动率下降。如果隐含波动率实在很低且偏度陡峭，不要交易铁鹰式期权，也不要给交易买保险。

时间：杰姆斯·比德曼（Jim Bittman）的书《专业期权交易》中，

最重要的内容之一与时间损耗相关（顺便说下，《专业期权交易》是一本不错的启蒙读物）。有种错误的观点认为，在期权存续期最后 30 天，所有行权价的期权权利金都指数级损耗。这是完全错误的。研究表明，只有实值期权在最后 30 天是指数级损耗。价格离实值越远的期权，时间损耗越偏线性。杰姆斯指出，虚值 10% 的期权在距离到期 60 天和 30 天之间价值损耗大于到期前 30 天到 1 天的损耗。

进一步研究发现，期权具有可行性范围，和损耗发生的时间与形式相关。当期权从实值变为不可能是实值时，它就失去了大部分的价值。

因此，应该在期权将要失去大部分价值时交易铁鹰式期权。在构建铁鹰式期权时，选择 10～15 的 delta 更佳。因此，几乎在所有情形下，60 天左右是卖出铁鹰式期权的最佳时机。

保险：铁鹰式期权的最大风险不是在波动率低时，也不是在波动率高时，而是在波动率从低变高时，此时铁鹰式期权可以完全毁掉 TOMIC。合适的单元认沽期权可以挽救投资组合。

波动率从低变高的交易可以提升虚值认沽期权价值。因此，如果波动率低于历史范围第 1 个四分位数，那么应该付出些成本来保证铁鹰式期权价值。虽然交易者的买入量不同，但用不超过卖出收入的 10% 为铁鹰式期权购买保险是有必要的。

另一方面，当波动率处于最高水平并在下降时，保险可能就不是必需的了。交易者很可能在对交易风险有全局把握时才交易。此时的深虚值认沽期权已经包含很大的风险溢价，买入任何保险都可能是无效的。

构建过程： 一旦认定波动率"过高"，应卖出 delta 为 10～11 的认购期权，同时买入紧邻的下一行权价的认购期权。不过这也不是一成不变的。聪明的交易者会检查 delta 10～11 附近的行权价，看是否存在错误定价。我曾见过以下情形，SPX 1 350～1 360 认购价差净值大于 SPX 1 340～1 350 认购价差。这一般是由"订单簿"上的"公众订单"造成的，那么应该就该认购价差卖出 delta 10～12 认沽期权。交易者可以通过认沽期权获利并抚平 delta。偏度导致认沽价差空头与现价的距离比认购价差空头相隔更远。虽然股票会上下波动，但提高认沽期权一两个行权价对价差影响不大，特别是已经对铁鹰式期权保险的情况下。

与保险之前相比，收益方面的胜算要更大。例如，如果 10 点的价差带来 2 点收益，也就相当于 200/800 的风险回报，或者是获得 25% 的风险收益。如果交易者成功的概率是 85%，那么处于非常有利的位置。如果成功的概率只有 70%，那就不是十分有利。虽然概率和支出只不过是波动率的函数，但关注风险/收益是很重要的。寻找买入和卖出铁鹰式期权的最佳时点可以提高交易成功概率。在交易中，0.05 点都很重要。价差中额外的 0.05 点可能足够覆盖组合保险的成本或者支付佣金。

目的： 价差几乎不会完全损耗，而且完全损耗是没有道理的。目的是当交易偏离可行性范围时，平仓留住卖出期权所获得的权利金。平仓后净值应略高于铁鹰式期权价值的 50%，也就是说要努力将卖出的铁鹰式期权价值的 55% 左右收入囊中，在到期前 30 天平仓铁鹰式期权。

如果在 5 个交易日内，交易获得卖出收入的 25%，那么交易者捕捉到了卖出优势。交易者应该平仓,重新评估当前情形,如果倾向性很明显,那么就进入一笔新的交易。盈利如此之快意味着交易存在优势,需要及时抓住优势。

风险:管理风险需要关注两类损失——最大损失和最大绝对损失。最大损失是一旦触及就平仓的数值,比如可以将最大损失设置为与收益目标相同。交易者在一年中会有一两次触及最大损失的情况。这是交易的一部分。不过,如果交易者合理管理交易,只要交易有几次达到收益目标,总体就可以获得正收益了。

三分之一法则适用于交易管理:首先在最大损失的三分之一处调整,接着在三分之二处调整,在触及最后三分之一处完全平仓。这就是最大绝对损失的重要之处了。最大绝对损失是交易中绝对不能超过的损失。可以将它设置为等同于交易初期获得的收入。如果任何时候同方向 1.5 个标准差的变动会导致交易超过最大绝对损失,那么在还没达到最大绝对损失前就应该调整。

在风险管理上,不建议滚动交易。用风筝价差、比率价差、垂直价差和反向比率价差调整要好得多。附录 D 将举例介绍风筝价差调整方法。铁鹰式期权的行权价跨度较宽,让标的价格在此范围波动并不难。滚动交易和提高规模的成本很高,操作困难,风险较大。简单来说,目的应该是获得有效对冲,同时尽可能降低成本。和交易相似,任何调整只适用于特定情形。以下是几条调整指南。

上行方向

风筝价差:风筝价差是上行方向主要的调整方法。它可以降低

gamma，且成本非常低。除非隐含波动率特别低，否则风筝价差都是最佳调整价差。

反向比率价差： 反向比率价差是上行方向次选调整方法。它可以降低 gamma，且成本很低。不过，由于它的交易结构，只适用于隐含波动率非常低的情形。

认购价差： 当交易者急需增加 delta 时，可以选择认购价差。只有当交易者认为市场会快速上涨，且隐含波动率极低时，才使用认购价差。它是提高 delta 最快最简单的方法。不过，考虑到成本，除非真的很紧急，否则应避免使用认购价差。

保证金交易： 日历认购期权价差适用于存在投资组合保证金的情形。日历认购期权价差是买入近月认购期权、卖出远月认购期权。日历认购期权价差适用于很多情形，也可能是更适合 TOMIC 的调整方法。不过，此种方式较为复杂，在交易前要完全理解期限结构。

虽然通常 1 比 2 认购期权价差会在上行方向产生支出，但也是不错的交易。如果交易得当，即使市场转向也可以获利。

下行方向

比率价差： 当预期市场下跌带来隐含波动率上升时，卖出 1 份、买入 2 份的比率价差是很好的风险管理方法。它不会延展交易，但可以迅速抚平曲线。当波动率正常时，可以作为下行方向主要的调整方法。

认沽价差： 认沽偏度使得指数认沽期权价差比认购期权价差便宜

很多。认沽价差是比较通用的方式，如果还是有些贵，可以通过调整曲线下行部分以降低费用。因此，认沽价差可作为次选调整方法。

保证金交易：如果交易者有保证金，那么 1 比 2 的近月价差是合理的。该交易并不昂贵，跨度很大，而且与其他交易不同，当市场转向时，如果进入时机恰当，将增加收益或损失。

平仓：当达到预设点时，不管好坏都应该停止交易。当超过目标时，继续交易是有诱惑的。不过，自律必须战胜"直觉"。我们见过因直觉而损失的情况多于其他任何损失类型。平仓时确保退出所有交易，包括保险。这些小钱也是有价值的。如果作为保险买入的认沽期权价值低于 0.10，那么可以保留。扣除佣金后，卖出几乎是徒劳。同时也要注意，虽然调整会改变保证金，但是交易者最初的目标不能改变。增加或减少交易资本应该对净值目标影响微弱或不造成影响。

铁鹰式期权案例

2011 年 10 月 19 日，交易者评估 1 月合约构建铁鹰式期权的可行性。隐含波动率相对实际波动率升水，而且正在下降。偏度上升，但没有突破历史高值。在流动性好的行权价上可以交易足够多的期权。同时，以铁鹰式期权的成功概率获得可观收入。

收入大约 2.50 点，目标是至少获利 1 250 并在到期前 30 天平仓。该铁鹰式期权见图 9-4。图 9-5 是最初的损益图。

当然，缓慢下跌是最好的，但是如果隐含波动率下降且 SPX 上涨，那也是不错的。在接下来的 30 天，这笔交易有好几次面临危险。

不过，它从未触及三分之一法则。30天后，该铁鹰式期权上升1 000（见图9-6）。虽然没有达到交易者的目标，不过考虑图9-6和图9-5类似而且交易者希望在30天时退出交易，此时平仓也是可以的。

Options	DEC <58>					
	MktPr	MIV	Trade	Ex.Pos	Vega	Delta
1355 calls						
1350 calls	4.50	21.0%	+10		85.6	10.1
1345 calls	5.30	21.4%			92.2	11.2
1340 calls	6.10	21.8%	-10		98.8	12.2
1335 calls	6.80	21.8%			105	13.5
1330 calls	7.50	21.9%			112	14.8
1325 calls	8.60	22.3%			118	16.1
1320 calls	9.70	22.6%			125	17.4
1315 calls	10.80	22.8%			131	18.9
1000 puts	12.70	42.7%	-10		94.6	-11.7
995 puts	12.20	43.0%			92.3	-11.3
990 puts	11.80	43.5%	+10		90.1	-10.9

图9-4　SPX990/1 000/1 340/1 350铁鹰式期权开仓详情

资料来源：OptionVue6.

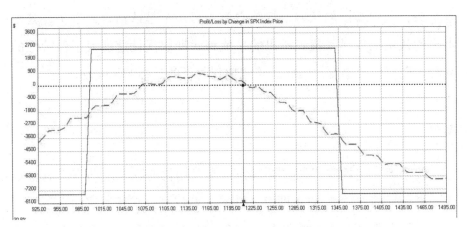

图9-5　SPX990/1 000/1 340/1 350铁鹰式期权开仓损益图

资料来源：OptionVue6.

再次强调，开仓是交易的重点。调整可能具有诱惑力，但对于大部分交易，风险管理的重点是开仓。

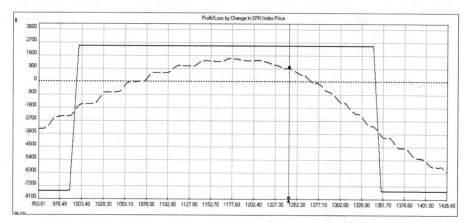

图 9-6　SPX990/1 000/1 340/1 350 铁鹰式期权平仓损益图

资料来源：OptionVue6.

平值铁蝶式期权

铁蝶式期权由 2 个垂直价差组成，都是平值期权，一个是认购价差空头，其中卖出的认购期权是平值，另一个是认沽价差空头，其中卖出的认沽期权是平值。卖出的平值跨式期权损耗速度大于保护性的宽跨式期权损耗速度，因此铁蝶式期权的目的是标的不波动。

条件

波动率：与铁鹰式期权类似，铁蝶式期权的隐含波动率不需要很高，高于标的波动率 ATR 即可。铁蝶式期权可以在任何波动率条件下交易。只有隐含波动率预期将会高于 ATR 时才有影响。本质上，对于铁蝶式期权，交易者认为其隐含波动率过高。相比高波动率，低波动率时管理铁蝶式期权要容易得多。

铁鹰式期权是利用隐含波动率高于 ATR，而铁蝶式期权是利用隐含波动率相对较高时，当前 ATR 与投资期结束时的 ATR 的比较。原因是铁蝶式期权是平值，且两翼间距较窄。即使 ATR 相较隐含波动率更低，如果标的波动过大或者标的"跳空波动"，铁蝶式期权仍然可能亏损。

不过，和铁鹰式期权不同，最终决定铁蝶式期权成功的因素是两翼和跨式期权价值的整体关系。相比其他任何因素，偏度是最终决定铁蝶式期权成功的因素。

偏度：铁蝶式期权本质上是卖出跨式期权和买入宽跨式期权。成功的关键是买入宽跨式期权的成本。只要铁蝶式期权的两翼比中间部分更便宜，铁蝶式期权在低波动率条件下就更成功。

对于股票铁蝶式期权，认沽期权经常不是定价过高就是定价过低。铁蝶式期权包含"正态分布的偏度"（normal skew），交易者需要了解其中的含义。当认沽期权以隐含波动率折价 6% 交易时，是进入铁蝶式期权的合适时机。如果折价 10% 交易，那么是进入交易的绝佳时机。当认沽期权偏度曲线平缓时，那么卖出很可能获利。

当认沽期权价格过低时，如果隐含波动率上升，那么因为被低估的虚值认沽期权对市场隐含波动率的变化过度反应，其隐含波动率将急剧上涨至更为标准的偏度，甚至更高的水平。这就给交易带来额外的上涨空间，正在亏损的交易通常亏损更少。相反，如果隐含波动率下降，相较于平值期权较低的隐含波动率，虚值认沽期权的隐含波动率变动更小。当隐含波动率下降时，偏度会上升，使得铁蝶式期权表现优于定价模型预期。

例如，SPX delta 为 10 的认沽期权，其隐含波动率通常是平值期权的 140%。如果平值期权隐含波动率为 20%，那么 delta 为 10 的认沽期权隐含波动率为 28%。如果 delta 为 10 的认沽期权交易隐含波动率为 26%，那么该认沽期权偏度过平，隐含波动率相对于平值的 130%，可能出现以下 3 种情形：

1. 如果平值期权隐含波动率上升至 22% 且偏度标准化，delta 为 10 的认沽期权隐含波动率从 26% 上升至约 30.8%，上升约 5%，而通常情况下，上涨小于 3%。这可以抵消平值期权隐含波动率大部分的上升。

2. 如果平值期权隐含波动率下降为 18%，有可能偏度会标准化。这导致认沽期权隐含波动率从 26% 下降为 25.2%，几乎没有变化。相比模型预测，交易者可以捕获大部分隐含波动率的下降，减少交易者停留在市场的时间，在隐含波动率下降时随时平仓。

3. 如果平值期权隐含波动率稳定不变，那么认沽期权隐含波动率很可能上升 1%～2%。这样就给交易者带来 1%～2% 的隐含波动率收入，可以加速达到盈利目标。

通常虚值认购期权波动较小，没有虚值认沽期权重要。买入的认购期权越便宜越好。前文中，当买入的认购期权足够便宜，如果标的上涨、隐含波动率下降，那么结果跟预期一致。这是非常明显的优势。

偏度法则：交易者希望有平坦的认沽曲线和陡峭的认购曲线，这种情况并没有预期的那么少见。

时间：交易发生在平值，在到期之前 30 天内开仓很合理，可以捕获指数级快速损耗的保险价值。虽然大部分经验丰富的交易者不会持有铁蝶式期权至到期前 3～4 天，但也不存在"距离到期日太近"

的法则。虽然此阶段适用于同样的隐含波动率和偏度法则，但由于 gamma 突增导致的保险价值损耗是实质性的挑战。

周期权出现后，可以通过卖出短期的铁蝶式期权平滑收益以应对每周事件。

保险：通常铁蝶式期权风险不大。保险是整体投资组合的一部分。当隐含波动率低，特别是偏度曲线也平缓时，长期来看可以覆盖每卖出 10 张铁蝶式期权买入 1～2 个单元认沽期权的成本。

构建过程：在到期之前 30 天内，一旦发现某产品的 ATR 稳定或者下降，且认沽曲线平缓、认购曲线陡峭，那么该产品可作为候选。构建铁蝶式很简单：卖出平值跨式期权，买入 1 个标准差外的两翼，两翼期权的期限为交易者愿意持仓的最长时间。对于还有 30 天到期的铁蝶式期权，就是 15～20 天。一旦确定两翼，交易者持有 delta 空头；应尽量抚平 delta，使得该交易是波动率交易而不是方向性交易。

想要抚平 delta，可以在铁蝶式期权行权价之间买入 1～2 张认购期权。接近平值的认购期权收益是可预测的，买入少量接近平值的认购期权来抚平 delta 优于买入许多虚值认购期权。也可以使用股票或期货。一旦 delta 被抚平，如果交易者还要买入少量单元期权（建议的做法），那么应在此时买入。虽然买入少量单元期权可能名义上导致 delta 空头，但最终结果是中性 delta。

目标：铁蝶式期权的目标是尽可能快速进出交易。如果交易得当，构建合理的铁蝶式期权可以在短短几天内获利 5%～10%。达到 10% 以上，交易者很有可能已经失去交易"优势"。虽然在铁蝶式期权获利

15%～20%很有吸引力，但交易者希望不出差错，因此更高的盈利不是长期获利的方式。应在10%时开始锁定收益，通过缩窄宽跨式期权的宽度达成。

风险：构建合理的铁蝶式期权非常容易管理，通常，如果交易超出预期，那就是重新开始的时候。此时应退出交易。关键是保证退出的影响不大，同时可以保留盈利。一旦铁蝶式期权达到盈利目标，退出交易，或者至少缩窄宽跨式期权。图9-7举例说明缩窄铁蝶式。

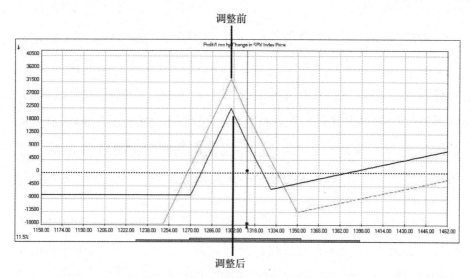

图9-7 缩窄调整前后蝶式损益图对比

资料来源：OptionVue6.

一旦交易获利10%，通常两翼失去大部分起保护作用的gamma多头。当前损益图形状发生变化，更像到期时的铁蝶式期权。如果卖出远离平值的两翼，买入靠近平值的两翼，那么实际上是买入铁鹰式期权，可以发现再次完全抚平损益曲线。这是既可以继续交易又可以锁定收益的很好方法。当宽跨式期权缩窄时，如果日内损益图突破到期损益图，平仓并取得收益。

除收窄宽跨式期权外，并没有很多其他可选的调整方法。不过，如果主动激进地管理风险，那么还是有一些有效调整方法的。

上行方向：买入认购期权调整 delta，并且缩窄铁蝶式期权下行方向的价差，是一种不涉及买卖标的证券的非保证金交易。如果股票上涨足够大以至于威胁到铁蝶式期权的顶部，那么缩窄宽跨式期权的一半并买入认购期权是合理的。也可以使用认购期权价差，达到同样的结果。

对于保证金交易者，和铁鹰式期权差不多，日历认购价差和 1 比 2 的比率价差在修复铁蝶式期权方面一样有效。

除非想让铁蝶式期权自主行权，任何情况下都不要增加铁蝶式期权作为调整方法。虽然可以延长交易，但这些铁蝶式期权不是最佳选择，也会增加大量的保证金。铁蝶式期权主要亏损与"分组构建铁蝶式期权"相关。增加交易资本并不是期权获利的长久之计。

下行方向：铁蝶式期权如果构建合理，即使价格突破下行方向，也不会亏损。这种情况下的最优选择是平仓。如果交易者执意维持交易，铁蝶式期权的调整和铁鹰式期权差不多。

比率价差：当市场下跌，预计波动率上涨时，卖出 1 张、买入 2 张的比率价差是管理风险的好方法。它不会延长交易期限，但可以迅速抚平曲线。当波动率处于正常水平时，这是下行方向主要调整方法。

认沽价差：认沽期权的偏度使得指数认沽价差比认购价差便宜很多。认沽价差是比较通用的方式，如果还是很贵，可以通过调整曲线下行部分以降低费用。认沽价差可作为次选调整方法。

保证金交易：如果存在保证金，那么1比2比率价差是合理的。交易成本不高，跨度很宽，且和别的交易不同的是，当市场转向时，如果进入时机恰当，该交易仍然可以获利。

平仓：铁蝶式期权盈利或亏损应该小于10%。如果"超出"范围，那很可能要平仓。如果触及10%，优势消失，此时平仓或缩窄。

平值蝶式期权实例

圣诞节后，SPX 偏度曲线特别平缓。开仓很少，也就是买入保险很少，在节假日出现这种情况并不少见。特别是当整体隐含波动率处于平均水平或更高时，这种情况可以抚平偏度曲线。图9-8 显示了认沽期权的 delta。可以计算出 delta 为10的认沽期权和平值期权之间的偏度。接下来，查看图9-9 发现 delta 为25的认购期权也在交易范围内。此时是进入铁蝶式期权的时机。请留意行权价为1 270和1 170的期权之间的关系。

1350 calls	MktPr	MIV	Trade	Ex.Pos	Vega	Delta
1270 puts>	25.20	18.5%			130	-50.6
1260 puts	21.00	18.9%			128	-44.1
1250 puts	17.70	19.8%			124	-38.1
1240 puts	15.20	20.8%			117	-32.7
1230 puts	12.70	21.5%			109	-27.9
1220 puts	10.70	22.2%			100	-23.7
1210 puts	9.00	23.0%			91.2	-20.0
1200 puts	7.40	23.6%			82.2	-16.9
1190 puts	6.30	24.5%			73.7	-14.3
1180 puts	5.30	25.2%			65.7	-12.1
1170 puts	4.20	25.5%			58.4	-10.2

图9-8 SPX 认沽期权系列信息

资料来源：OptionVue6.

认购期权系列看起来也不错。请留意虚值认购期权和平值认购期权的关系（见图9-9）。

Options	JAN <24>					
1320 calls	MktPr	MIV	Trade	Ex.Pos	Vega	Delta
1310 calls	6.40	16.1%			97.5	22.3
1300 calls	9.00	16.4%			111	28.7
1290 calls	12.70	16.9%			121	35.5
1280 calls	17.50	17.8%			127	42.4
1270 calls>	22.40	18.2%			130	49.3

图 9-9　SPX 认购期权系列信息

资料来源：OptionVue6.

基于行权价 1 270（图 9-8 1 270 认沽期权）和平值期权隐含波动率 18.5% 计算出 17 天的标准差：

$$0.185 \times SQRT（17/365） \times 1\,270 = 51$$

取整为 50，构建 1 220/1 270/1 270/1 320 的铁蝶式期权（详见图 9-10）。此时 delta 为 −28，买入认购期权来抚平 delta。然后，像所有聪明的交易者一样，特别是那些在平缓偏度曲线下交易蝶式的交易者，再买入深度虚值认沽期权，如图 9-10 最后一行所示。图 9-11 显示了这笔交易的损益图。

Options	JAN <24>					
1330 calls	MktPr	MIV	Trade	Ex.Pos	Vega	Delta
1320 calls	4.20	15.6%	+5		81.4	16.6
1310 calls	6.40	16.1%			97.4	22.3
1300 calls	9.00	16.4%	+1		111	28.7
1290 calls	12.70	17.0%			121	35.5
1280 calls	17.50	17.8%			127	42.4
1270 calls>	22.40	18.2%	−5		130	49.3
1260 calls	28.70	19.1%			128	55.8
1250 calls	35.10	19.7%			124	61.8
1240 calls	42.20	20.4%			117	67.2
1270 puts>	25.20	18.5%	−5		130	−50.6
1260 puts	21.00	19.0%			128	−44.1
1250 puts	17.70	19.8%			124	−38.1
1240 puts	15.20	20.9%			117	−32.7
1230 puts	12.70	21.5%			109	−27.8
1220 puts	10.70	22.2%	+5		100	−23.7
1210 puts	9.00	23.0%			91.2	−19.9
1120 puts	1.95	29.6%	+1		31.3	−4.52

图 9-10　SPX 1 220/1 270/1 270/1 320 铁蝶式期权详情

资料来源：OptionVue6.

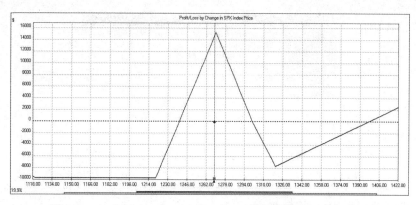

图 9-11　SPX 1 220/1 270/1 270/1 320 铁蝶式期权开仓损益图

资料来源：OptionVue6.

以 41.35[⊖] 的价格卖出铁蝶式期权（在增加双翼和作为保险的单元期权前），目标是在几天内获利 5%～10%。记住你现在交易的是蝶式期权，而不是对冲。交易的价格比较理想，获利不会太困难。

当股票在接下来几天上下波动时，以上构建合理的交易不太可能出现任何实际性风险。1 月 5 日，交易获利约 900，超过 10% 的目标（见图 9-12）。

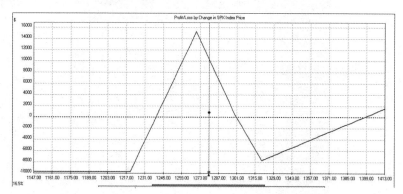

图 9-12　SPX 1 220/1 270/1 270/1 320 铁蝶式期权平仓损益图

资料来源：OptionVue6.

⊖　该数据在作者提供的图表中未见对应。——译者注

如果继续持仓 1 到 2 天，势必可以在这笔交易上大赚一笔，不过，交易者从来不能对有节制地获取适当收益有怨言。开仓时审慎检查可以让交易更容易。你可能已经注意到这里有关键模式可以把握。合理构建的交易容易管理。

日历价差或时间价差

不管是卖出还是买入日历价差，都是对冲基金的最佳交易。如果交易者感慨"我无法卖出日历价差"，那么请记住标普 500 期货期权和 SPX 期权是何其相似。当交易者想要卖出日历价差时，标普 500 期货期权可以作为 SPX 期权的替代品。与铁蝶式和铁鹰式不同，日历价差依托于不同到期日期权之间的关系。

日历价差是行之有效且易于解释的交易，同时也对恰当执行最敏感。任何基金持有日历价差的多头和空头都是有益的。为理解日历价差，交易者需要理解加权 vega、不同月份的 vega 不同，以及其对波动率变动的敏感度不同。完美情形是，拥有日历价差簿，包括买入和卖出，theta 接近 0，且所有交易在条件不错时开始。如此可以获得有利的交易组合，其加权 vega 不会过高或过低，保护投资组合免受市场巨大波动的影响。

条件

波动率

买入：买入日历价差的交易者偏向于低于平均水平的隐含波动率和较低的实际波动率。完美情况下，交易者同时可以看到上升的隐含波动率和几乎没有变动的实际波动率。虽然听起来很好，但从未发生过。事实上，如果隐含波动率过低，买入日历价差很可能受到实际波动率上升的打击。如果标的市场波动，无论买入的隐含波动率如何变化，日历价差都会亏损。因此，如果交易者买入正常的波动率，而不是隐含波动率范围内的最低 15% 部分，那么情况会好些。

卖出：对于卖出日历价差，以下两种情况最好。一是隐含波动率过低，二是隐含波动率非常高。两种情况下，脱离极值使得卖出日历价差效果很好。卖出日历价差的关键是，当 gamma 最有效时卖出。隐含波动率高时，gamma 多头和隐含波动率从高处下降使得卖出日历价差获利丰厚。市场波动剧烈时，交易中的 gamma 多头提供了部分保护。低隐含波动率下，期限结构很重要。近月期权对实际波动率变动非常敏感，因此近月期权隐含波动率和 gamma 会变动，而远月期权则不发生改变。这在隐含波动率极低时很有可能发生。

偏度：同时买入或卖出期权，偏度不是重要因素。

期限结构：不管是买入还是卖出，日历价差实际上是期限互换，买入一个月份的同时卖出另一个月份。整体隐含波动率、近远月期权的价差是成功与否最重要的决定因素。正确的隐含波动率和期限结构使得卖出或买入日历价差都能获利。

买入日历价差：买入日历价差的关键是在相对远月期权的高位上卖出近月期权。观察隐含波动率处于近月和远月正常交易范围之间的对应期权。在近月合约相较于正常价差出现显著升水时卖出。显著升水至少是近月隐含波动率 10% 的升水幅度（因此，如果近月隐含波动率是 20%，那么交易者希望近月合约以该水平 2% 的升水交易）。同时，也要确保隐含波动率不要过高。如果所有期权隐含波动率都很高，那么可能是即将发生重大事件的信号。另一个异常事件的信号是所有合约月份的权利金都很高。一般来说，如果近月隐含波动率高于25%，那么研究一下其中原因（事实上，构建日历价差需要提防所有月份都不正常的情况）。买入日历价差的关键是卖出超买的波动率，而不是由于某种理由导致的高波动率。

卖出日历价差：不利于买入日历价差的情形正好有利于卖出日历价差。买入的合约月份应该以正常平值期权隐含波动率贴水10%交易。同时，要特别注意过宽的价差。卖出日历价差的关键是买入超卖的隐含波动率，而不是卖出高波动率。

时间：适用于铁蝶式期权的法则同样适用于日历价差。在到期之前30天内交易。存在两种例外情形。一种是隐含波动率反常，导致任一合约月份都可以用来交易，例如还有5个月到期的合约也可以用还有6个月或者7个月、8个月到期的合约替换来交易，特别是ETF和指数基金期权。还有一种例外，如果有一个远月合约价格不正常，那很有可能是流动性原因，而不是重大事件引起的。

相对于远月合约gamma，近月合约gamma在到期前最后几天剧烈变化，这就导致管理日历价差远比铁蝶式期权困难。同时，最后几天隐含波动率之间不再相关。合约存续期的最后几天，和隐含波动率没什么关系，但与跨式的绝对价格相关。到期前1星期内是跨式交易，而不是隐含波动率交易。

构建过程：买入日历价差，是当隐含波动率脱离正常水平10%时，卖出平值认购或认沽，买入下月平值。一旦恢复正常，就平仓。道理非常简单，挑选月份和行权价。买入期权的隐含波动率处于中间水平，交易就很可能获利。确保隐含波动率的稳定。交易者不会想去抓飞刀，但如果隐含波动率平稳地处在中间水平，那就是合适的买入时机。

卖出日历价差，寻找过低或过高的隐含波动率，在价差中买入便宜的合约月份，卖出贵的合约月份。一旦合约恢复正常水平就平仓。存在某些情形，交易者可以某种程度上忽略隐含波动率价差而交易所有高波动率。不过，这种情形只适用于最有经验的对冲基金交易者。

目标： 日历价差的目标是在几天内获利5%～10%。如果追求更高收益，意味着交易者盲目地希望标的不波动，或者隐含波动率没有朝不利方向波动。对冲基金交易的是波动率，而不是日历价差的theta损耗。进入交易并获利5%～10%，然后就应离场。如果交易触及盈亏平衡点，那也应离场。追加交易很有吸引力，但很可能并不会盈利甚至会轻度亏损。使用日历价差指南，获利10%而放弃不到5%的潜在盈利，保障交易盈利。

风险： 几乎没有必要在构建合理的价差上再增加交易。大多数亏损都是因为没有及时留意平仓时机，或又增加很多日历价差交易。不过，也存在一些机会可以增加或调整价差交易，特别是对卖出日历价差而言。

如果买入的价差仍处于不正常水平，那么只要能抚平delta就可以增加日历价差。为增加新的日历价差，当前条件要和之前的一样好或者更好。如果不是，那就不要调整。在确保买入的合约月份足够便宜的情况下，交易者可以买入期权以降低delta。

对于卖出日历价差，标的的任何波动都可能带来盈利。不过，当标的波动时，有可能条件没有发生改变。如果是这样，交易者有机会以 gamma 多头获得丰厚盈利。可以使用"支付损耗"的方式盈利，不过只能在小幅波动情况下使用。如果市场波动小于 1 天的标准差，一旦标的波动，那么就平仓。不要试图反复通过 gamma 获利。通过 gamma 获利是用来对冲时间损耗，而不是实际获利的方式。如果交易获利 10%，带着盈利离场。

平仓：亏损不要超过初始保证金的 10%。一旦发生这种情况，及时离场，并继续寻找日历价差中不超过 10% 盈利的机会。如果 1 天内就有 5% 的盈利，可以当成是送给你的礼物，平仓拿走即可。

买入日历价差案例

以下是买入日历价差的案例。2010 年 11 月 16 日下午 3 点，观察到 OEX12 月～1 月认购期权价差是很好的日历价差。整体波动率 19% 左右，处于相对低位（见图 9-13）。同时，市场的小波动使得 12 月合约的隐含波动率上升，相对于 1 月升水。

Options	DEC <32>						JAN <67>				
535 calls	MktPr	MIV	Trade	Ex.Pos	Vega	Delta	MktPr	MIV	Trade	Ex.Pos	Vega	Delta
530 calls>	12.40	19.6%	-5		62.6	51.7	17.20	19.4%	+5		90.4	51.4

图 9-13　OEX12 月和 1 月平值期权隐含波动率

资料来源：OptionVue6。

交易者以 4.80 的价差价格，卖出 12 月合约，买入 1 月合约。图 9-14 显示了平值日历价差的希腊值。

交易者希望价差消失，12 月合约的隐含波动率下跌到低于 1 月合约隐含波动率。或者价差仍然存在，但 1 月合约隐含波动率微微上升。第二天（见图 9-15），交易者运气更好。到下午 3 点，不仅 12 月合约隐含波动率下降，而且 1 月合约隐含波动率也略微上升。

Delta	-1.67
Gamma	-1.84
Theta	30.63
Vega	139.0

图 9-14　平值日历价差希腊值

资料来源：OptionVue6.

Options	DEC <31>						JAN <66>				
	MktPr	MIV	Trade	Ex.Pos	Vega	Delta	MktPr	MIV	Trade	Ex.Pos	Vega	Delta
535 calls												
530 calls>	12.20	19.3%		-5	61.6	52.2	17.40	19.5%		+5	89.7	51.7

图 9-15　第二天 OEX12 月和 1 月平值期权隐含波动率

资料来源：OptionVue6.

交易者获得 5% 的隔夜收益。这正是交易者的日历价差目标。价差互换的目的不是通过时间损耗获利，而是通过错误定价的波动率获利。图 9-16 上的黑点显示了交易者平仓时的盈利。

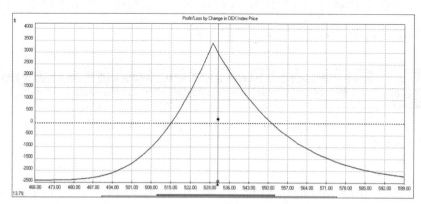

图 9-16　平仓时 OEX[⊖]日历价差损益图

资料来源：OptionVue6.

⊖ 原文有误。原文为"OEC"，根据上下文，应为"OEX"。——译者注

在这种情形下构建日历价差很常见。可能不是每次都可以获得隔夜 5% 的收益，但只要在合适条件下持续如此操作，积累的利润将比较稳定。

卖出日历价差案例

当买入日历价差看上去不理想时，卖出日历价差会好一些。12 月 16 日，相比 2 月合约，1 月合约超卖。同时，隐含波动率都上升了。交易者卖出 SPX 12 月～1 月 1 220 认购价差，隐含波动率净差收入 1.6%，卖出的 2 月合约隐含波动率是 24.4%。净收入 14.1（见图 9-17）。

Options	JAN <35>						FEB <63>					
1225 calls	MktPr	MIV	Trade	Ex.Pos	Vega	Delta	MktPr	MIV	Trade	Ex.Pos	Vega	Delta
1220 calls>	32.00	22.8%	+5		150	49.0	46.10	24.4%	−5		201	49.8

图 9-17　开仓时 SPX 12 月～1 月 1 220 认购日历价差

资料来源：OptionVue6。

交易者希望近月价格与远月价格靠近。为保持两者关系，标的需要波动，同时隐含波动率不变，或者两者的某种结合。

12 月 20 日，交易获利。近月合约隐含波动率下跌更多，但标的波动让远月合约比 1 月合约的卖方力量更强一些，因而相对而言价格上涨更少（见图 9-18）。

Options	JAN <31>						FEB <59>					
1225 calls	MktPr	MIV	Trade	Ex.Pos	Vega	Delta	MktPr	MIV	Trade	Ex.Pos	Vega	Delta
1220 calls	42.90	22.7%		+5	139	60.8	56.30	23.8%		−5	195	57.7

图 9-18　平仓时 SPX 12 月～1 月 1 220 认购日历价差

资料来源：OptionVue6。

可以在接近 13.40 的价格买入平仓，4 天获利 0.80 左右，获利 5%以上（见图 9-19）。

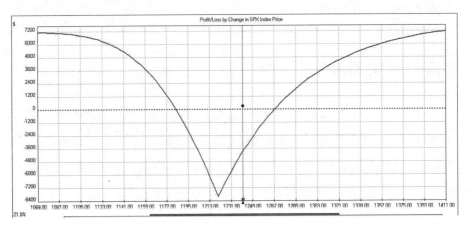

图 9-19　平仓时卖出 SPX 日历价差损益图

资料来源：OptionVue6.

如果交易者很有耐心，在标的持续上涨中可以做得更好。通过持有超卖期权的日历价差，获利 20%。

正向和反向比率价差

比率价差是对冲基金可以使用的最佳交易之一。对于无法享有组合保证金的交易者，通常买入 2 张、卖出 1 张是唯一可以使用的价差。如果存在组合保证金，那么可以使用买入 1 张、卖出 2 张的方法（经常称作正向比率价差）。

和铁蝶式差不多，1 比 2 价差的关键是偏度和波动率。不过，还有第 3 个因素：方向。想要成功交易比率价差，需要看对偏度和波动率。为使得比率价差更宽范围地获利，还需要判断正确方向。但有时也并非如此。

条件

波动率：反向比率价差通常是 vega 多头。至少在开仓时买入的 vega 大于卖出的 vega。不过，随着时间推移，在其他条件不变的情况下，vega 关系可能会发生变化。这就是为什么在使用反向比率价差时，隐含波动率越低越好。只有在隐含波动率处于分布中较低的 40% 范围时，才使用反向比率价差。除非隐含波动率会上升，否则只有大幅度的方向性波动才能获利。

偏度：交易者卖出 1 张平值期权隐含波动率，买入 2 张虚值认沽或者认购，偏度很重要。基于我们对铁蝶式期权的讨论，偏度越平缓越好。交易者希望以非常便宜的价格买入，越便宜越好，特别是隐含波动率也很低更佳。交易者希望大家认为虚值期权是最便宜的，即使隐含波动率不变也会不断抬高它的买价。如果隐含波动率上升，偏度变正常，2 张虚值期权可以表现很好。即使股票不波动，隐含波动率、偏度的上升也可以让交易者获利平仓。准确的方向判断可以让交易者在价差上获得丰厚收益。

交易比率价差时要重视隐含波动率和偏度。忽视它们就相当于拿钱打水漂。即使方向正确，陡峭的偏度曲线和高波动率也会带来亏损。

时间：任何时候都可以使用比率价差。关键是正确挑选隐含波动率最低的合约月份（还有 60 天到期，比较该两个月期权和过去 60 天隐含波动率），再考虑偏度，那么任何月份都可以获利。注意一点：临近到期日的交易主要取决于标的波动，远离到期日的交易主要取决于波动率。如果交易者有方向判断，并合理构建比率价差，那么好好利用它。如果交易者想像投资组合对冲者或者隐含波动率多头交易者一样构建比率价差，那么使用距离到期日至少60天的合约月份。

构建过程：如果目标是利用波动率，那么关键是像铁蝶式期权那样获得平缓的偏度曲线。交易者希望偏度以7%～10%的折价交易，隐含波动率在历史范围较低的40%区间。卖出平值或者接近平值的认购或认沽，然后买入2张虚值认购或认沽期权，买入期权付出的权利金应该低于卖出获得的权利金。交易者希望获得收入，或者至少成本为0。这样的话，即便方向判断错误，也至少可以从波动率上获利。不要追求"高收入"，而是接受尽可能小的收入。如此，买入的2张期权可以尽可能存续得久一些。

目标：当交易波动率时，目标是开仓，盈利，然后离场。比率价差和任何波动率交易一样。目标是获利10%左右，而从不去追求10%以上的收益。

风险：比率价差很少会调整。如果交易没有起效，那么就平仓。如果情况变糟⊖而交易亏损，也平仓。如果交易亏损，但情况变得能够让交易有潜在获利可能，假设资本足够，那么继续开仓。

平仓：赚了10%时拿走收益，或者至少锁定收益。不要让某笔交易亏损到最初保证金的10%。如果继续开仓，仍然要使用保证金。

1比2价差（买1卖2价差）：1比2认购价差和日历价差差不多。不利于反向比率价差的条件恰好适合1比2价差。重要的不同点是，

⊖ 原文有误。原文是情况变好，根据上下文理解，应该为情况变糟糕。——译者注

保证交易产生收入。交易者希望反向比率价差波动方向和预期一致，1比2认购价差则不同，它是基于标的的不同方向波动。一旦波动到远离卖出头寸的行权价时，偏度变平缓，隐含波动率下降。此时，1比2价差可以平仓获利。这是平仓的明确信号。和其他任何交易一样，不追求"全垒打"，只需要获利10%就可以了。

比率价差案例

比率价差可能是最简单的价差。2011年6月6日，VIX指数在历史低位，交易者觉得不仅隐含波动率很低，而且偏度平缓，delta为10的认沽期权隐含波动率是平值期权隐含波动率的135%。意识到偏度是相对的，交易者以便宜的价格买入认沽期权。交易者并不确定市场是否会下跌，因此进入反向比率价差，卖出7月平值SPX 1 280认沽期权，买入2倍数量7月1 230认沽期权（见图9-20）。

Options 1520 calls	MktPr	MIV	Trade	Ex.Pos	Vega	Delta
1290 puts>	30.60	16.2%			167	-52.6
1280 puts	26.20	16.7%	-5		167	-46.7
1270 puts	22.40	17.3%			163	-41.1
1260 puts	19.20	17.8%			157	-36.1
1250 puts	16.20	18.2%			149	-31.4
1240 puts	14.00	18.9%			140	-27.3
1230 puts	11.80	19.3%	+10		130	-23.7
1220 puts	10.10	20.0%			119	-20.4

图 9-20　7月平值SPX反向比率价差

资料来源：OptionVue6.

该交易是gamma多头、vega多头、delta空头。当SPX上涨时，亏损也不会很大（见图9-21）。

Delta	-2.77
Gamma	0.96
Theta	-145.1
Vega	461.5

图 9-21　7 月 SPX 反向比率价差希腊值

资料来源：OptionVue6.

图 9-22 显示了此笔交易的损益图。交易者目标是隐含波动率上升，同时标的下跌。偏度曲线平缓，交易者希望曲线变陡峭，使得卖出的 1 280⊖认沽期权获利比模型预测的更多。

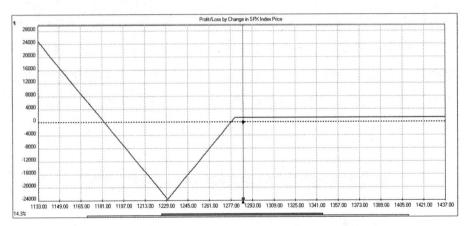

图 9-22　6 月 6 日 SPX 反向比率价差损益图

资料来源：OptionVue6.

6 月 15 日，交易开始获利。隐含波动率上升，SPX 下跌，偏度逐渐上升（见图 9-23）。

⊖　原文为"1 290"，根据上下文，应为"1 280"。——译者注

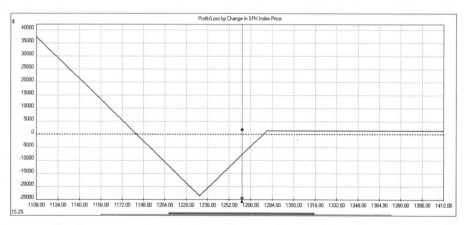

图 9-23　6 月 15 日 SPX 反向比率价差损益图

资料来源：OptionVue6.

交易者达到目标，卖出价差获得可观收入（见图 9-24）。6 月 16 日，交易者平仓。构建合理，交易不存在任何大问题。偏度、时间和交易量都是有利的。

Options	JUL <29>					
1300 calls	MktPr	MIV	Trade	Ex.Pos	Vega	Delta
1280 puts	38.80	19.8%		-5	137	-60.2
1270 puts	33.90	20.6%			141	-54.1
1260 puts>	29.70	21.4%			142	-48.2
1250 puts	26.00	22.1%			139	-42.6
1240 puts	22.80	23.0%			135	-37.5
1230 puts	20.00	23.8%		+10	129	-32.8

图 9-24　6 月 16 日 SPX 反向比率价差平仓

资料来源：OptionVue6.

方向变化对交易有所帮助，却是这笔交易最不重要的因素。

| 第 10 章 |

运营：充分了解 TOMIC1.0

期权有秘籍吗？有。销售行业最佳著作之一是戴维·德勒写的《你无法通过研讨会教会孩子骑自行车》。正如书名所示，交易者必须通过交易来学习期权，必须要经过很多次交易才能达到稳定和盈利。

本章将阐述如何运营 TOMIC。要想成功，需要担当、奉献和实践。至此，交易者已经了解了一些内容，学到了各种经典策略：垂直价差、日历价差、铁鹰期权、铁蝶式期权以及比率价差。然而问题是如何成功地将这些内容组合在一起呢？我们来看看 TOMIC 成功的秘诀。回顾一下，决定保险公司成功的因素有以下三点：

- 交易选择。
- 风险管理。

- 交易执行。

而要有效做到这三点,交易者还需要以下三方面的支持:

- 交易计划。
- 交易基础工具。
- 学习计划。

本章会展示 TOMIC1.0 的组合范例,读者将看到每一步如何决策。烹饪有很多方式。同理,每一个投资组合、每一 TOMIC 都是独一无二的。其中的很多变量取决于交易风格与舒适度。下面是一个 TOMIC 的例子,称之为 TOMIC1.0。随着交易水平的提高,交易者会形成自己的交易舒适度,其投资组合也能体现独特的交易风格。

交易计划

交易计划是每个 TOMIC 的起点,交易者要能回答下列问题:

- TOMIC1.0 的目标是什么?
- 在哪个市场交易?
- 每个市场分别用哪种策略?
- 使用哪些风控指标?
- 执行交易最有效的方式是什么?

目标:假设 TOMIC1.0 是一个投资组合,你作为期权交易员,运用保险公司的框架管理期权组合。盈利目标是在任何 12 个月内不亏损，并且有超过10%的年化绝对收益。月度目标是总资产1%的回报。

市场：你将同时跟踪10个市场，包括指数、交易型开放式指数基金（ETF）和股票。具体为SPX、RUT、NDX、RTH、OIH、AAPL、CAT、EXC、MCD和WMT⊖。

策略：作为TOMIC的经理，随着能力的进步，懂得的策略会越来越多。你会在不同市场使用不同策略。如果只是需要一些最常用的策略，以下可以参考。

- 垂直价差（贷方和借方）。
- 铁蝶式期权（及其变形，折翅蝶式）。
- 铁鹰式期权（及其变形，非平衡鹰式）。
- 日历价差。
- 比率价差。

表10-1展示了TOMIC1.0的5种策略以及其适用情形。

表10-1 5种策略及适用情形

	情形	波动率	偏度	时间	目标
垂直价差	交易者有方向性判断，隐含波动率比历史波动率高	平稳或下降	无	30～60天	开仓收入的60%～70%
铁鹰式	隐含波动率比历史波动率高	隐含波动率可以在任何水平，下降趋势	略陡	60天	开仓收入的50%～60%
铁蝶式	隐含波动率比历史波动率高	中间水平，下降趋势	平缓	10～30天	尽快获利5%～10%就平仓

⊖ 代码对应的标的资产名称可参见本书第2章。

(续)

	情形	波动率	偏度	时间	目标
买入日历价差	隐含波动率较低，很好的期限结构	相对低点，正波动率结构	无影响	10～30天	尽快获利5%～10%就平仓
比率价差	交易者有方向性判断，隐含波动率较低	隐含波动率较低	平缓	30～60天	尽快获利5%～10%就平仓（除非交易者明显感觉趋势会持续）

TOMIC1.0 风控指标

每笔交易最大亏损：2%。

每月组合最大亏损：6%。

组合集中度限制：单行业投入资金不能超过20%。

市场环境不好时持币观望。

交易期限：90天以内。

执行交易

在线期权经纪商会为你提供交易服务，经纪商拥有易于操作的界面提交复杂交易策略（如垂直价差、铁鹰式、蝶式、日历）。TOMIC1.0并不需要组合保证金，普通保证金账户（Reg-T margin account）即可。

构建

- TOMIC1.0初始资金为100 000美元。
- 用Excel记录交易日志。

- 用电话网络或者网线直连，手机热点备用。
- 用笔记本做交易，以防突然停电。
- 在手机里存好经纪商电话和自己的账号，万一网络断了还可以打电话下单交易。

图 10-1 展示了垂直价差交易日志的样例。

Trades	Adjust Date	Strike	Units	Open	Commissions	Debit/Credit	Mark	Mkt. Value	Gain/Loss	Extrinsic	Delta	Theta	Vega	IV Start	IV Current	IV Change	Mark/Sale
	Date in	Symbol	Name		Graph /Alert		%Yield	Max Loss	Gain/Loss	TTN	Delta	Theta	Vega	IV Start	IV Current	IV Change	
Vertical Credit Spread		21	AAPL	APPLE INC COM		TTN	7.88%	$(1,485.00)	710.00	$693.00	0	0	0	39.94%	30.39%	-9.55%	
AAPL 100 NOV 11 360 PUT	10/14/11	AAPL 111119		-10	$3.080	2	$3,075.00	0.660	-$660.00	$2,410.00	0.66	$50.00	$110.00	-$90.00	41.14%	34.31%	-6.83%
AAPL 100 NOV 11 350 PUT	10/14/11	AAPL 111119		10	$2.080	2	-$2,085.00	0.395	$395.00	-$1,695.00	0.40	-$30.00	-$80.00	$60.00	41.95%	37.37%	-4.58%
Insert Adjustments Below				Net:	$1.000			0.265										
AAPL 100 NOV 11 360 PUT	11/04/11	AAPL 111119		10	$0.660	0	-$660.00	0.660	$660.00	$0.00	0.66	-$50.00	-$110.00	$90.00	41.14%	34.31%	-6.83%
AAPL 100 NOV 11 350 PUT	11/04/11	AAPL 111119		-10	$0.390	0	$390.00	0.395	-$395.00	-$5.00	0.40	$30.00	$80.00	-$60.00	41.95%	37.37%	-4.58%	1.01
Total						$0.00	$720.00		$0.00	$710.00		$0.00	$0.00	$0.00				
Open Date Underlying Price at Open	10/14		$417.19		Loss $401.37	Change -$1.70	%Change -0.42%	% of 1 SD 26.84%	Volatility 30.39%	Spread Vol Cash flow + 2 way comm.	$10.00 $990.00	Cash Flow $990.00	3%	Set GTC for: Set ML Alert for:	$0.31 $2.44		
P.P.		85%			T+ $1.00		T+ $7.00			Requirement	$9,010.00			Set Adj. Alert fo	$1.99		
			1 Std. Dev.	6.38 $394.99-$407.75		$16.89 $384.48-$418.26		Max Loss	Current TN % of CF								
Closed 11/4/11			2 Std. Dev.	12.76 $388.61-$414.13		$33.77 $367.6-$435.14		TTN	150.00%	7.88%	70.00%						
			3 Std. Dev.	19.15 $382.22-$420.52		$50.66 $350.71-$452.03			-$1,485.00	$710.00	$693.00						

图 10-1　AAPL 垂直价差交易日志

执行交易计划

交易者初始资金为 100 000 美元，时刻关注想要交易的市场：SPX，RUT，NDX，RTH，OIH，AAPL，CAT，EXC，MCD 和 WMT。

每笔交易你可以容忍 2% 的风险，意味着每笔交易最多亏损 2 000 美元（100 000 美元的 2%）。

在市场环境允许的情况下，每月尽量做 3 笔以上的交易。

假设市场环境允许进行苹果股票期权的垂直价差交易。我们来看看图 10-1 的例子。本例中，苹果股票认沽期权价差为 10 个点。普通保证金（Reg-T）为 9 010 美元。这在 TOMIC1.0 的风险指标范围内吗？是的。这 9 010 美元是在不采取任何修正和操作的情况下的最大亏损。但是 TOMIC1.0 是主动管理型，部分风控通过交易调整进行。该交易中，设置"最大允许亏损"为开仓收入的 150%，本例的开仓收入为 990 美元（包含佣金），因此"最大亏损"为 1 485 美元。也就是说，如果交易亏损达到 1 485 美元，就要立即止损平仓。这刚好是 100 000 美元的 1.49%，小于每笔交易可容忍的 2% 的风险。

交易前要确保建仓和平仓条件都正确。无论盈亏都要明白何时应该退出。值得注意的是，本例中苹果股票期权要在亏损 1 485 美元或者盈利 693 美元时退出。因已经达到了目标，交易在盈利 710 美元时结束。

组合中应包含多种交易。每天持续跟踪市场，基于每个市场条件进行最佳交易。同时也应对市场方向有自己的看法。如果可以追踪每个市场的历史和隐含波动率，就能找到最好的交易机会。

表 10-2 举例说明了使用表格记录最佳可交易机会。

表 10-2 最佳可用交易列表

当前最佳可用交易列表（时间）：

市场	方向（观点）	（观点的）时间跨度	隐含波动率	历史波动率	偏度	期权策略
SPX	向上	30 天	20	25	平缓	比率价差，垂直价差
NDX	向上	30 天	35	32	陡峭	铁鹰式
RUT	向下	60 天	32	29	陡峭	垂直价差
RTH	震荡	60 天	25	23	平缓	铁蝶式

(续)

当前最佳可用交易列表（时间）：

市场	方向（观点）	（观点的）时间跨度	隐含波动率	历史波动率	偏度	期权策略
OIH	向上	60天	22	25	陡峭	日历价差铁鹰式
AAPL	向上	30天	42	35	平缓	垂直价差
CAT	向上	30天	25	23	陡峭	垂直价差
EXC	向下	30天	21	20	平缓	日历价差铁蝶式
MCD	向上	60天	18	22	平缓	垂直价差，卖出日历价差
WMT	震荡	60天	15	16	平缓	日历价差

从以上可选择的交易中，选出最佳交易构建投资组合。基于全市场环境，试着建立一个平衡的组合。表10-3就是一个例子。

表10-3 TOMIC1.0 组合案例   （单位：美元）

TOMIC1.0 组合（选择最佳可用交易构建组合）

市场	交易	收/支	保证金	最大亏损	盈利目标	到期期限	盈利概率
SPX	比率价差	(443)	24 558	(900)	310	30天	80%
NDX	铁鹰式	(1 000)	9 000	(1 500)	700	60天	80%
AAPL	垂直价差	(800)	9 200	(1 200)	560	30天	85%
EXC	日历价差	11 000	11 000	(1 320)	1 100	30天	45%
RTH	铁蝶式	(3 400)	8 600	(1 290)	860	30天	40%
	合计		62 358	(6 210)	3 530		
	保证金回报率			−10%	6%		
	管理资产回报率			−6%	4%		

注意交易的最大亏损不能超过2 000美元或者总管理资产2%。如果该交易组合单月亏损达到6%以上，应当停止该组合中的所有交易，然后再次评估策略，下个月重新开始。组合最终盈利目标是3 530美元，也就是4%的管理资产（asset under management，AUM）回报率。如果所有的合约都保留到最后一天，则平均到期期限为36天。但是，事实上会在到期前结束交易。以我们的经验，通常这类交易组合的平

均持有期限为 25～30 天。

一旦组合达到交易退出目标,那么不论盈亏都应该结束交易。当触及盈利目标时,结束交易可以锁定利润并降低风险暴露。

需要再次交易时,从可用交易的表格中选取当前最优策略并且执行,替换之前结束的交易,让 TOMIC1.0 继续盈利。但如果市场环境不好,当前没有好的交易机会,就不应该开始新的交易。应当等到时机成熟再继续。

要成为优秀的 TOMIC 经理,应当主动交易。这就好像医生做心脏手术:做得越多,技术就越好。确保撰写交易计划时越详细越好。确定交易的目标、风控指标、策略、建仓和平仓指标,然后去执行交易计划。交易时应注意多总结,详细记录交易日志,积累每次交易的经验。每月末要总结本月交易业绩并思考下个月如何做得更好。如此往复,最终你会成为更好的 TOMIC 经理。

| 第 11 章 |

交易大厅中关于波动率的经验

理解标普指数期权的加权 vega

2010 年 12 月 6 日，马克·塞巴斯蒂安在他的 OptionPit.com 博客中写道：

有些人认为日历价差是对冲收入价差 vega 空头很好的方式。这个观点有一定道理，但不总是如此。最好可以理解期权间隐含波动率的运动，例如波动率峰值如何影响波动率。下图是 30 天隐含波动率（更高的）与 90 天隐含波动率（较低的）的对比，你发现了什么？

请注意 30 天隐含波动率比 90 天隐含波动率的走势波动更大，我称之为 vega 中和器。日历价差是 vega 多头，场内称为原始 vega。但是交易者应明白近月合约的波动会中和远月的波动。

理解以上内容不仅可以帮助交易者交易日历价差，还可以交易双对角线、蝶式、鹰式等。

利用偏度

2010 年 5 月 13 日，马克·塞巴斯蒂安在他的 OptionPit.com 博客中写道：

市场一直保持在很好的日内和日间范围内。虽然市场波动方向不确定，但基于当前隐含波动率水平，卖出波动率是合理的。对于大多数交易者而言，问题在于他们想要卖出平值波动率，因为这样获利最多且价格最合适。偏度略微上涨（虽然没有之前高），卖出偏度很可能是更好的交易。问题是如果不买入期权，将较难实现。可通过以下几种方式实现：

1. 比率价差。除了在市场崩盘时会亏损外，比率价差是不错的交易。交易比率价差最好的方式是买入平值认沽期权，卖出虚值认沽期权。同时，确保为下行风险买入额外保险（这才是正确的做法，买入单元期权）。

2. 鹰式、跨式。我更喜欢跨式，但是考虑到保证金的因素，交易员可能会选鹰式。关键是在期权 vega 开始下跌的反转点卖出。这样交易者可以最大化利用升高的隐含波动率。交易者依然要在曲线上更高或更低点买入隐含波动率。

3. 最后，被利用最不充分的，而我认为可能是目前最好用的方法是双对角线。我会卖出近月虚值认购期权和认沽期权，买入远月虚值程度更深的期权。举例如下：5 月要结束时，5 月期权只剩下 gamma，我不会考虑它。还剩 6 月，虽然不如 5 月那么高，但认沽期权和认购期权的偏度还是比较高。7 月和 8 月也很高，但没有 6 月那么高。现在需要决定交易哪个行权价的期权。我会构建 vega 为正的交易，但是加权 vega 为负。下面是 OEX 的例子。

乍看上去价差的 vega 是 82 左右。基于头寸的规模，我认为这很小。然而，加权后是卖出大约 170.00 的加权 vega。

产品到期日	标普指数天数	隐含波动率	原始 vega	乘数	合约数	线性加权 vega
到期时间	30					
6 月 550 认购期权	37	17.3	51	0.900	−10	−459.229 672
6 月 500 认沽期权	37	27	54	0.900	−10	−486.243 182
7 月 570 认购期权	65	16.3	50	0.679	10	339.683 110 2
7 月 480 认沽期权	65	29.2	64	0.679	10	434.794 381 1
净加权 vega						−170.995 363

如果偏度变平缓，或 6 月和 7 月之间价差收紧，或隐含波动率下跌回原点，那么该价差可以盈利。如果交易员想交易近月波动率微笑，且无需大额支出（相比跨式），那么这是不错的交易。

VIX 现货下跌时的 4 个建议

2010 年 3 月 23 日，马克·塞巴斯蒂安在他的 OptionPit.com 博客中写道：

博客上有非常多 VIX 期货远超过现货 VIX 的信息。"所以呢？"交易者会问，"这和我有什么关系？"答案很简单：交易方法。当 VIX 期货远超过 VIX 现货时，期权的期限风险就会显露出来。近月比远月便宜。在交易大厅时，我会试图买入 gamma 卖出 vega。操作很简单，交易者要做的就是卖出时间价差。大多数个人投资者不会持有大额保证

第 1 笔交易：卖出 delta 15 的标普指数铁鹰式期权

下行偏度指数有些陡峭，delta 为 10 的认沽期权在平值隐含波动率的 140% 的位置交易。

平值隐含波动率为 19%，股票的隐含波动率中位数为 23%。

上行的认购期权偏度指数平缓，delta 为 25 的认购期权在平值隐含波动率的 90% 的位置交易。

第 2 笔交易：卖出 delta 15 的标普指数铁鹰式期权

下行偏度正态分布，delta 为 10 的认沽期权在平值隐含波动率的 135% 的位置交易。

平值隐含波动率为 25%，股票的隐含波动率中位数为 23%。

上行的认购期权偏度正态分布，delta 为 25 的认购期权在平值隐含波动率的 85% 的位置交易。

结论

哪笔交易更好呢？注意，隐含波动率 19 的 140% 是 26.6%，而隐含波动率 25 的 135% 是 33.75%。认购期权方面，25 的 85% 是 21.25%，19 的 90% 是 17.1%。即使偏度指数很低，隐含波动率的高低本身就会带来巨大的差异。

关键

交易量上下波动。交易量越低，越需要偏度指数来弥补。交易量越高，偏度指数重要性越低。当然，高偏度指数和高平值期权隐含波动率是最好的组合。

理解铁鹰期权的隐含波动率

马克和他的学生有过有趣的探讨，他认为当时的铁鹰式期权并不理想。马克有如下合理解释：

- 过去几个月的隐含波动率并不高（不是已实现波动率）。
- 认沽期权偏度指数不只在 12 月很平缓，1 月也是。
- 卖出 12 月或 1 月相对近月的波动率或已实现波动率的收益并不高。

学生回复说他以 10 个点的宽度，在 delta 10 的行权价平掉认沽期权和认购期权，依然可以得到 0.60。这不是意味着交易没问题吗？当然不是。检验标普指数铁鹰期权中以 delta 10 的行权价格卖出到期期限为 36 天的认沽期权。详见图 11-1。

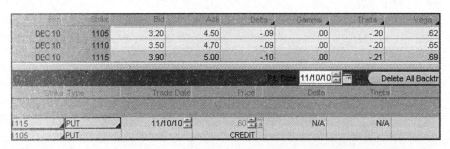

图 11-1　标普 1 115/1 105　12 月 10 日到期的认沽期权价差信息

注：TD Ameritrade 和 Option Pit 公司是两家独立的公司，并不为对方的服务和政策负责。

资料来源：TD Ameritrade, Inc.，仅供说明性使用。

此时，隐含波动率较低，偏度指数正常走平。这种情况我们称之为"正常行情"，VIX 在 16% 至 18% 之间，市场可能会有波动，但是几乎不用太担心"重大事件"或偏离多倍标准方差的异常值出现。

阶段 2：风暴来临前的平静

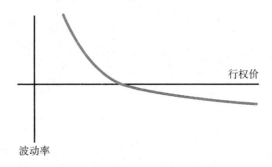

此时，隐含波动率依然较低，但是有所升高，VIX 不再是 15%～20%。然而市场上担心发生重大事件的恐慌情绪开始上涨。这种情形也会在隐含波动率"超售"和抛压严重的情况下出现。这种情况可以转化成下一种情况或者回归平静（阶段 2 和阶段 4 可以相互变化）。此时市场上开始出现买保险的操作，但是又不愿意持有平值期权，买入单元认沽期权推高了偏度指数。

阶段 3：风暴

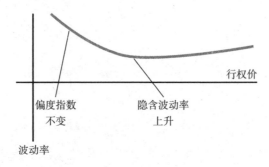

此时，市场极度恐慌，VIX 指数达到 30% ～ 40% 甚至更高。我们上周刚经历过这种情况。下行方向的隐含波动率依然很高，但是平值隐含波动率上涨太多以至于偏度指数变平缓。这是边缘恐慌的一种情形。

阶段 4：逐渐平静的风暴

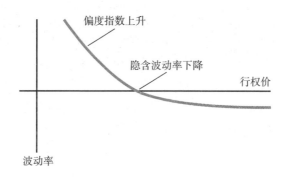

此时，隐含波动率依然很高，但是开始下降。市场开始认为行情会慢慢变好，但是依然信心不足。平值期权的隐含波动率卖光了，但是大部分卖方同时在买入虚值认沽期权。单元保护性期权在这种情况下价格最高，平值期权的隐含波动率上升，偏度指数陡峭，VIX 指数在 20% 到 35% 之间。与阶段 2 情况相似，逐渐平静的风暴可以再次变化为风暴，或者进入阶段 5。

阶段 5

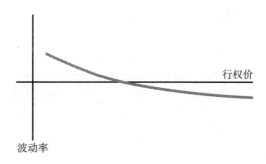

| 第12章 |

关于风险控制的经验

仓的选择。持有现金有很多好处，然而很多人
2-1 显示了 10 000 美元的铁鹰式期权的年度回报。

12-1 铁鹰式回报的两个场景

第2组（美元）		第1组（美元）	第2组（美元）
700	8月	400	400
200	9月	（600）	—
（1 100）	10月	800	800
500	11月	200	200
300	12月	（300）	（300）
（700）	合计	700	1 300
300			

数据显示第 1 组的净回报为 700 美元或者 7%，并不坏。

再看第 2 组，净回报为 1 300 美元或者 13%，几乎是第 1 组的 2 倍。

这 2 组数据的唯一不同发生在 9 月。当时你决定持有现金，事实是不做交易比做交易盈利更多。交易者会有交易的冲动。当行情不看好时要抑制交易的冲动，别交易了，去喝点健怡可乐。你会感觉更轻松而且可能盈利更多。这样可能不是很诱人，但终究赚钱更要紧。

另外，有句老话说道，总有值得交易的东西。如果没发现交易机会，可以尝试提高自身知识水平，从而发现更多的交易机会，这会对你的交易生涯产生深远影响。

纸牌游戏价值

贷方价差是个人投资者最喜欢的交易之一，个人投资者犯的最大错误是在卖空的期权变得便宜时没有退出贷方价差交易。这不是因为他们想要持有期权到期，而是他们大多数人不理解期权价值中还有第二个要素，大多数期权定价模型无法计算该要素。该要素使得期权最后一部分价值衰减比模型预测的慢很多。期权市场真的有可能会发生小概率事件，因此这部分价值是存在的。这部分价值叫作**纸牌游戏价值**。

理解这一概念可以使交易者更早退出交易，将资金转移到正常期权模型的交易中。

纸牌游戏：两个人玩牌；他们只玩一次，一共 100 张牌，99 张牌价值为 0，1 张价值为 1 000。抽牌的人要付钱给另一个人来买抽牌的机会。如果抽到 0，则什么也没有得到；如果抽到 1 000，则另一个人要支付给抽牌人 1 000 美元。理论上抽牌机会价值 10（=1 000×1/100）美元。但是你认为另一个人会如何收费呢？如果游戏可以重复，那收费可能很低，例如 11 美元，因为他知道随着时间推移，概率会使得游戏结果变得对他有利（这也是为什么拉斯维加斯赌场可以支付豪华酒店房费）。不过，这个游戏只玩一次，概率不变，所以如果 1 000 美元被抽到了，另一个人没有机会把钱赚回来了。我猜该游戏的抽牌费用远比 11 美元昂贵得多。

同样的情况适用于便宜期权的定价，概率上看这些期权的价值是 0，但是很长一段时间期权价值会不合常理地维持在 0.10～0.25。这是因为卖出便宜期权的人和卖出抽牌机会的人想法是一样的。赌场上赌徒长期来看是有机会盈利，但是期权有到期期限。如果卖出便宜期权的人很不走运，他以后再也不能翻身了。交易员不能无休止地永远交易下去，一旦市场朝不利的方向波动，亏损就已经产生。更坏的是，不同于纸牌游戏，市场中存在未知风险，这意味着交易员不知道当市场朝不利方向运动时的亏损有多大。

便宜期权到期前会在很长一段时间内价格持续为 0.25。这对贷方价差交易者来说意味着什么呢？当贷方价差交易不再符合模型时直接清掉，获得**纸牌价值**。如此可以尽早退出交易，并释放资金到那些模型和希腊字母起作用的交易中，更能优化整体交易表现。贷方价差是赚钱的好方法，但一次失手就前功尽弃，所以千万别失手。

为什么期权交易很难上手

2010 年 12 月 28 日，马克·塞巴斯蒂安在他的 OptionPit.com 博

客中写道：

在我开始教期权一段时间后，学生通常⬚交易，但这只完成整个战斗的一半；下一步⬚往是问题多发区。大部分学生掌握了调整方⬚下图是 AM Pit 报告中的 DIA 持仓。

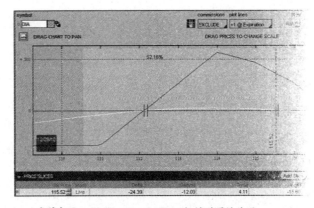

资料来源：TD Ameritrade,Inc.，仅供说明性使用。

观察这个持仓，你认为需要调整吗？如果⬚

如果答案是肯定的，则说明你存在过度调⬚什么人们会有这个毛病，但在交易界很普遍。⬚近出问题但还未出问题时进行交易。这点对交⬚原因如下。

每次仓位调整，使得交易者的持仓时间变⬚持仓时间越长，处于多倍标准方差波动的时间⬚是小幅盘整，是足以毁掉交易的剧烈波动。⬚而且小幅波动甚至不需要调整而自行恢复；⬚

会被执行。唯一会出问题的情况是，交易者的
报单量的交易所。可能交易者的订单只成交
传送其他交易所时，市场发生变化。这会导
露在风险中。

市商不符合NBBO，但是先看到了订单，再将
更多问题。如果在那个位置只有一个交易所
传送到交易所的途中，市场可能发生变化（事
为订单流支付的公司会签保证协议以保护投资

首，**不易流通的订单被送到做市商的交易池。**
历的IBM的例子。

ISE）愿意为期权订单支付50美分，次数高达
（PHLX）愿意为期权订单支付50美分30次。
是以55美分卖出30次，那么订单会被送到
认为订单会被送到ISE，而接受为订单流付费
LX。这对交易者而言是个坏消息，因为他们
的地方。**这非常重要！** 我曾经看到自己的卖
正以该价格在成交。正如我之前说的，**智能**
可以让经纪商盈利最大化。

行权

马克·塞巴斯蒂安在他的OptionPit.com博客

我想讨论一个问题，这个问题看起来很基础，但很多人一直在问：**个人投资者问我是否担心认沽期权空头被指派行权**。更有些交易新手会问我，是否担心认购期权被指派行权。我先做简要回答，然后再证明。之后会介绍何时考虑指派行权。简单地说，指派行权并不常见，是交易者最不应该担心的。尤其当前利率这么低，被指派的概率就更低了。原因如下：我从一句名言开始讲，这句名言是我成为交易员时最早学到的。认沽期权即是认购期权，认购期权即是认沽期权。几乎所有经验丰富的交易员做出的交易都是将认购期权转化成认沽期权或者反过来。例如，保护性认沽期权：如果画出保护性认沽期权的图形（买入认沽期权 + 买入股票），交易者会注意到什么？图形看起来和认购期权一模一样。该头寸亏损有限，盈利无限。

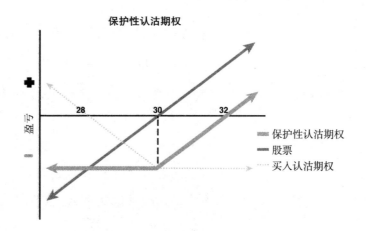

另一个常见的交易，卖出备兑认购期权（买入股票 + 卖出认购期权）看起来和卖出认沽期权一模一样：该头寸盈利有限，亏损无限。

如果所有期权和股票的组合都能转化成其他头寸，那么它们之间肯定存在着某种联系。类似于相对论中的 $E=MC^2$，期权世界里也有公式可以将它们联系在一起，叫作认沽认购期权平价公式。平价公式可以保证交易者买入认购期权的盈利不会高于买入认沽期权和股票。当平价公式不成立时，出现套利，很快期权回归平价。公式如下：认购期权价格－认沽期权价格＝股票价格－行权价格＋（利息－股息）。简写为 $C-P=S-X+(I-D)$，通常 $I-D$ 用 K 代替，即持有成本。

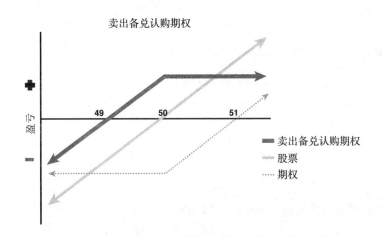

使用该公式，如果客户想要以9美元卖出2月50认购期权，股价为55.00，持有成本0.2，那么认沽期权价格应为多少？$9-P=55-50+0.2$。认沽期权价格应为3.80。如果认沽期权的价格为4.00，则做市商会以9美元的价格尽可能地买入认购期权，同时卖出股票（将它们转化成认沽期权），然后卖出认沽期权。也就是说，合成认沽期权，再卖出真正的认沽期权。

现在来想想平价公式和指派行权。如买入认沽期权，并买入标的对冲，那么实际头寸是什么？实际头寸是买入认购期权。如果是这样，那么我只有在认购期权的价值比认沽期权、股票与持有成本之和低的情况下才会将认沽期权行权。

如果我在 1 月 19 日买入 OEX 的平值蝶式560 的认沽期权。2 月 5 日，OEX 价格下跌 4认沽期权价格为 41.5。做市商的利率为 0.25持有成本最终为 -2.90 美元。认购期权价格吗？ 0.15 小于 491.35-530+（-2.90）+41.5 吗

491.35-530+（-2.90）+41.5=-0.05。所的大幅下跌，但是行权不利于我的对手方。少之又少。即使行情下跌 8%，做市商的利率行权具有吸引力。

希望交易者已经了解认沽期权被指派的可些不同，无股息的认购期权永远不应该提前行则交易者要承担被行权的风险。以 EXC 公司行了除息，每股 52.5 美分。如果卖出 40 张认指派行权？将数字代入平价公式计算就知道认沽期权价格为 0.05。股价 44.25，持有成本算，4.25-0.05=44.25-40+（0.01-0.525），发现有问题，$C-P$ 和 $S-X+K$ 不相等。所以，很可

以上已经使用数学公式证明，交易员应派行权。我会提供"交易者工具书"来告诉

1. 如果 $(i-d)$ 大于 $C-P$，交易者可能被非认购期权价格低于 0.25，否则我不会在意下，这一数字大约是 0.05。

2. 如果股息大于 $P-C$，交易者卖出的认购期权则很有可能被行权。如果认购期权没有股息，则永远不应该被行权。

交易者的头寸会有很多风险，应集中精力在重要风险上，忽略不重要的。大多数情况下，不考虑股息，指派行权风险都是不那么重要的风险。

成功卖出 SPX 日历价差的例子

2010 年 8 月 24 日，马克·塞巴斯蒂安在 OptionPit.com 博客中讲述了卖出日历价差交易：

昨天在日间交易池报告里我指出 9 月与 10 月隐含波动率差距很大。当天市场上涨，9 月平值认购期权的隐含波动率与 10 月平值认购期权的隐含波动率差 2 个点。价格直接上涨至 14 以上，比昨天高一个点。

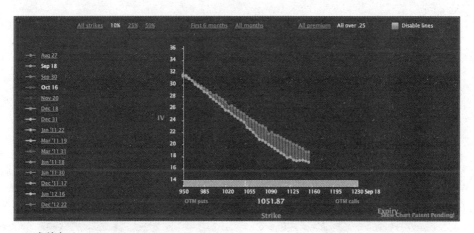

资料来源：Livevol © www.livevol.com.

该交易员没有做出最好的交易，但是我想继续这个真实的交易。以 13.25 卖出 9 月～10 月 1 085 认购期权价差，SPX 价格为 1 080。

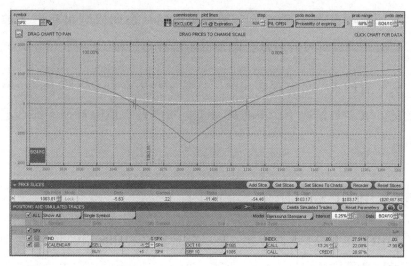

资料来源：TD Ameritrade, Inc.，仅供说明性使用。

日历价差的波动率差仍然超过 1.5 个点，该交易员以 12.20 的价格买回该价差，可以获得 8% 的收益。但是开盘的时候流动性比较好，最终该交易以 11.75 成交。回报是 150.00，也就是 11.3%，这可是一天的回报。

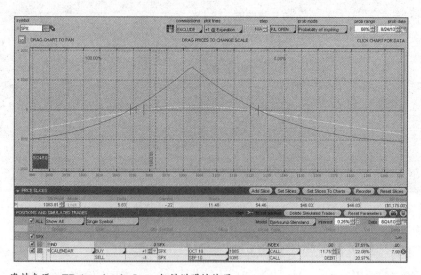

资料来源：TD Ameritrade, Inc.，仅供说明性使用。

现在这个机会已经消失了，但是掌握期权运作原理的交易者自然可以抓住下次机会。交易者们，这就是理解波动率和期限结构的力量。理解如何卖出期权很重要，但是对交易者而言，比起简单的"卖出鹰式"还有更多需要学习的。所以，我们不能简单地每月重复同样的交易。

交易蝶式期权要注意的地方

2010年2月7日，马克·塞巴斯蒂安在他的OptionPit.com博客中写道：

期权教学并不简单。对于复杂的问题，我们总是寻找简单的答案。交易选择是所有交易者都应该重视的问题。有些期权教员建议每月重复同样的交易。这些人恐怕没做过交易。他们建议重复交易的原因是容易操作。交易可并不简单，交易很复杂。然而，我们想要帮助大家。所以我们建立了一个清单来判断是否应该进行蝶式交易，清单分为3部分。可能除了这3部分还有其他需要关注的地方，但这是很好的起点。

1.确保交易者时刻关注蝶式的隐含波动率。不管你相信与否，当隐含波动率非常高时，交易者不愿进行蝶式交易。当隐含波动率非常高时，很容易有反弹。隐含波动率太低也不好，隐含波动率也很可能突然变高。隐含波动率处在中间位置时最适合进行蝶式交易。如果隐含波动率在90天均值的25%到75%之间，不要担心，直接确认第1点是符合要求的。如果隐含波动率太高或太低，则不要确认。

2.确保月间偏度指数不要太宽。如果月间偏度指数太宽，则是另一个停止交易的警告。当月间偏度指数负值太大时，则意味着近月相对过高，而蝶式是近月交易，我们必须避开这个问题。如果偏度指数正值太大，则意味着市场相对波动较大。可以将蝶式看作 gamma 交易，这就不是好消息。跟踪偏度指数有很多方法；快捷的方法是比较 VIX 和 VXV，这可以很清晰地看出 30 天波动率和 90 天波动率的关系。如果它们之间的差别不会太高或太低，可以确认第 2 点符合要求，否则就不通过。

90 天波动率通常比 30 天高，我想交易者可以从下图看到它们之间的宽度和整体运动方向一致。

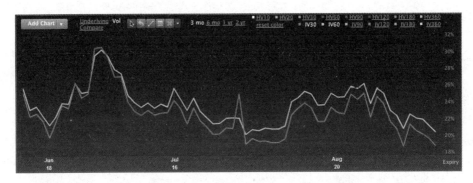

资料来源：Livevol © www.livevol.com。

3. 关注月内偏度指数。当偏度指数很高时，蝶式往往不容易操作（详见 5 月、6 月和 7 月）。当偏度指数很低时，蝶式就变得相对容易，价格也很低（详见 8 月）。

偏度指数什么样呢？见下图。

再强调一遍，这不是对所有交易问题的答案。我们没有像往常一样进行数字计算，尤其是第 2 点和第 3 点。另外，相比这 3 点，还有很多其他问题需要注意。但这是个起点。也就是说，如果以上 3 点都满足，此时应该是开始蝶式交易的不错时机。本例并不符合以上 3 点。

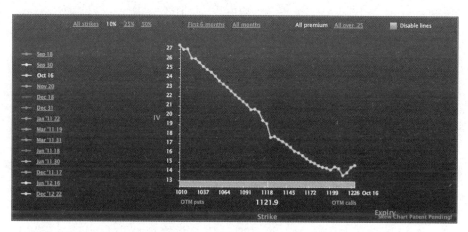

资料来源：Livevol © www.livevol.com。

指数期权蝶式组合双翼宽度

2009 年 11 月 29 日，马克·塞巴斯蒂安在他的 OptionPit.com 博客中写道：

最近我的一位学生在 MNX 上建立了一个分离蝶式组合。我查看了下他的交易，注意到该组合的双翼距离太宽了。

我冷静地告诉他："这不是蝶式组合，**这是没有对冲的宽跨式组合**。"

学生大吃一惊（话说，还有比 flabbergasted 更酷的词语吗？自从芝麻街里的 Don Music 写了一首关于这个词的歌，我就喜欢上了）。

"什么！"他喊道，"我持有多头，已经买入认购期权和认沽期权了呀。"

"是的，"我说道，"但是那些多头无法对冲持仓风险。它们不会影响盈亏。你买入的那些期权，对冲不了任何东西。"

以上谈话，并不是我第一次留意到蝶式组合中双翼位置的问题，也不会是最后一次。大多数交易者都清楚要卖出哪个期权。然而买入哪个期权才是噩梦。当一些学生选择买入期权的行权价格时，常见问题是行权价格离平值期权的行权价格太远了。

价差中的多头头寸是为了减少保证金，降低持仓风险，同时提高资金效率。如果蝶式组合中的多头不能显著降低交易保证金，这就是双翼的行权价格距离平值期权行权价格太远的警示信号。当蝶式风险明显高于收益，那就是双翼的行权价格距离平值期权行权价格太远的另一警示信号。如果标的价格波动一个标准差幅度对期权多头价格没有明显影响，双翼也是设得太宽。这个问题很大。它不仅会令资产陷入风险，还可能搞乱资产回报的计算。它可能欺骗投资者在这类交易中停留太久，或者导致不必要的实质性损失，两者也可能同时发生。

考虑到这些，以下是选择蝶式组合中的双翼时应该遵循的一些准则。

1. 低于 0.25 美元的期权不能用于对冲。

如果蝶式组合中的期权双翼低于 0.25 美元，那么不应该买它们用于对冲（请注意，这里讨论的并不是用于黑天鹅保险的期权，而是作为价差一部分的期权）。原因在于：如果将 0.25 美元的期权作为蝶式组合部分，标的上涨 3 美元，那么认购期权空头将很可能产生亏损，而 0.25 美元的期权多头可能依然价值 0.25 美元。交易者会发现，买入高于 0.25 美元的期权表现将更好，亏损也更小。

2. 选择至少是 1 比 1 的风险与收益比率。

如果蝶式的风险高于潜在的最大盈利，那么交易者可以很容易将保证金降到很低或者不花费任何交易成本。

3. 经常留意最靠近的行权价格。

建仓时，如果交易者可以将认购期权行权价格再低一点，或者认沽期权行权价格再高一点，而成本低于五分之一的保证金对应的潜在盈利，那么就应该如此操作。例如，蝶式组合的双翼行权价格再接近平值期权行权价格 5 点，花费不到 100 美元，那么目前蝶式的双翼就离空头的行权价格太远了。

4. 如果蝶式的双翼开始在合理位置，但时间损耗导致期权价格低于 0.25 美元，交易者应考虑整体平仓，或者缩窄双翼减少保证金。

将以上准则记在心里，才可以更有效地利用资金，少承担风险，盈利更高。

妥善平仓的重要性

交易前的良好条件或许是最重要的持续盈利因素。但是，平仓交易是第二重要的因素。实际上，它可能是避免大额亏损最重要的因素。这就像是均衡的足球队，既有很好的进攻，也有很好的防守。良好的交易进攻是清楚交易建仓点。那意味着市场条件有利，你在拥有盈利优势时进入市场。良好的交易防守是清楚何时平仓。这意味着在亏损太多之前或者已经盈利足够多时，结束交易。

当登机时，乘务员告诉你的第一件事是紧急出口。紧急出口位置可能某天会救你一命。TOMIC 交易期权时，需要知道平仓的条件。当市场开始变差，或者快速变化时，你需要清楚紧急出口在哪里。

在 TOMIC 开始交易前，必须准确知道何时结束交易。至少有两个交易退出点：

1. 当情况不利于你时的退出点。

2. 当情况有利于你时的退出点。

当情况不利于你时，也就是交易策略失效时，你应该毫不犹豫地结束交易。就像紧急出口，此时一定要使用紧急出口，避免投资组合的重大亏损。由于不希望亏损，你可能犹豫是否此时退出，可能认为市场会变化，下一分钟或下一小时，事情就会改观。这种想法可能对，也可能错。但是如果不遵循准则，小额亏损可能会变成巨额亏损。巨额亏损将难以弥补。这与导致赌徒破产的想法相同。输钱的赌徒在输光所有钱之前会一直赌，总以为下一次运气就会转向他们。承担预先设好的亏损额度，将帮助你控制冲动，限制亏损。最好的亏损是最开始时的亏损。

当情况有利于你时，你必须清楚何时结束交易，拿走盈利。你可能会继续持有，但突然市场转向，会将之前的盈利全部抹掉。考虑用保证金的一定比例作为触发结束交易的参数。

下例中，当开始铁鹰式组合时，可以设定 20% 保证金的亏损额度和 15% 保证金的盈利额度。如果交易不利，可以调整头寸，管理 delta。但是，当触及 20% 亏损时，就应该结束交易。同样，当盈利 15% 时结束交易。

这些数值有一定浮动。一些交易者管理的头寸较大，他们会采用逐步退出的方式。在这种方式下，如果市场有利，不会直接等到 15% 盈利时才退出，而是平仓部分头寸获利 10%，然后平仓其他部分，总获利 15%。这些退出点只是举例说明。实际上你需要定义自己结束交易的参数。这项工作在交易前必不可少。保持自律并遵循预先定义的退出标准。给交易预先设定退出时机，将节省资金，产生更多盈利。

如果以交易谋生，需要多少资金

如果以交易作为专业谋生的手段，那么需要做好准备。你需要知识、自律准则，还有金融方法。

以交易谋生，一般都独立交易。他们是自己命运的掌握者。他们向自己汇报，通过交易报表了解账户的盈亏情况。

在开始以交易为生前，要清楚年度开销——需要多少资金维持生计。然后确保有至少维持两年生活的存款。如果一年开销 60 000 美元，那么至少需要 120 000 美元流动资金。其次，清楚兼职交易时的平均回报。在真正全职从事交易前，必须要有交易经验，假设过去 2 年里，每月平均有 2% 的回报率（以 Reg-T 保证金的回报率计算），并且有 500 次交易的经验，那么假设持续交易下的月均回报率为 2%，年回报率是 24%。实际上，你不可能将所有资金都投入。很可能只有

40%~60%的投入。平均下来,在真正开始交易事业前,假设50%的资金用于投资,计算需要的资金。

以下是计算过程。首先,需要足够的存款维持两年的生活开销,那就是120 000美元。其次,需要足够的投资资金,以便盈利能够覆盖开支。如果持续每月盈利2%,一年盈利60 000美元,也就是每月盈利5 000美元,就需要250 000(=5 000/0.02)美元。但等等——如果每次只是投入本金的50%,就需要500 000美元的投资资金。

因此,在全职交易前,一共需要120 000(存款)+500 000(流动资金)=620 000美元。做好以期权交易作为工作的心理准备,就像TOMIC。如果两年都可以通过交易盈利覆盖开支,并增加存款,那说明很优秀。如果两年里可以维持开始之前的生活水准,那也干得不错。然而,如果两年里耗尽了存款,并不能通过交易盈利覆盖开支,就应该考虑以交易谋生可能不适合你。如果在这种情况下,仍然希望继续,聘请一个教练并重新阅读本书!

专注的重要性

你曾经:

- 太多信息导致不堪重负?
- 想要交易电视上推荐的每一个市场?
- 在不同市场同时交易不同策略?然后都亏损?
- 像闪光灯前的鹿一样无法动弹?
- 不停研究某一交易却没有真正进入,或者在行情已经结束后才进入市场？
- 感觉每天都在改变策略？
- 收到介绍得非常好的新投资资讯的电邮时，全部购买？
- 市场转向不利方向时，都想要改变策略？
- 情绪低落时交易，犯下很多错误？
- 亲密朋友或亲人去世导致交易亏损？

如果以上问题的答案都为"是的"，那么你可能存在专注上的问题。作为 TOMIC 的管理者或者在其他任何领域，专注是成功的关键。

外科医生实施手术时，他必须全神贯注做对每一步骤，才能挽救病人生命。他不能去想他与新女友的约会晚餐。他必须专注在手术的成功上。在眼科手术中，医生告诉你他的母亲刚刚去世，但不必担心，他可以闭着眼睛做完你的手术。此时你会觉得舒服吗？当然不会。

经营 TOMIC 也一样。交易时必须专注于正在做的事情。经营 TOMIC 像经营商业一样。股东（你和你的投资者）的幸福取决于你的决定。

在比赛还剩下几秒时，迈克尔·乔丹握着球，此时他在想什么呢？他听到观众的呼喊了吗？他会听进对方球员的废话吗？不会，他很专注；他只盯着一件事，只有一件事：得分赢得比赛。当管理 TOMIC 时，你的专注必须像激光一样。时刻警醒，保持自律，以便管理好风险，并获取利润。

乔布斯是苹果公司的创始人，他非常擅长所做的工作。他专注于为消费者创造优雅简洁的设备。正是因为他的专注，才能够发现消费者自己都不知道的需求和对应解决的技术。在 iPad 的许多应用面世之前，消费者都无法想象到它的用途。

电影《空手道少年2》（*Karate Kid* Ⅱ，1986）中的丹尼尔（拉尔夫·马奇奥饰演）能够用一把手刀打破六块冰块，靠的就是将所有的力量集中在很小的一块区域。

作为 TOMIC 管理者，这些给予你的启示就是，你需要找准定位，清楚自己的投资策略并实施。一旦开始，就不要被其他的投资者、市场、策略或产品所分心。专注正在做的事情。

| 第14章 |

交易大厅中关于其他希腊值的经验

当隐含波动率上升时,实值期权与虚值期权的gamma如何变化

2010年12月29日,马克·塞巴斯蒂安在他的OptionPit.com博客中写道:

当我与指导的学生一起工作时,发现他们通常都能够理解平值期权。他们清楚行权价格变得更加平值时,delta会因波动率而更难从50变化到相邻行权价格的delta水平。但虚值期权的表现怎样?隐含波动率上升时,虚值期权的gamma下降,还是上升呢?答案是两者都有。

期权深度虚值时(低于15的delta),通常隐含波动率上升,gamma

也将上升。鹰式组合和宽跨式的交易者要重点理解这点。他们需要知道，鹰式组合的隐含波动率开始上升时，市场低迷期间的组合的 delta 敏感度要比模型预测的高。以下是 MNX 鹰式组合，期权虚值 10%。

资料来源：TD Ameritrade，经其许可，仅用于说明。

现在，提高隐含波动率 5%，可以注意到持仓会变得更加 gamma 空头。交易者需要了解的内容如下：

资料来源：TD Ameritrade，经其许可，仅用于说明。

然而，如果我们继续大幅提高隐含波动率（本例是提高 15%），发生在虚值期权上的疯狂情况是，期权竟然抬头了。gamma 实际下降了！！！

资料来源：TD Ameritrade，经其许可，仅用于说明。

为什么会出现这种情况呢？当提高隐含波动率时，虚值期权出现一些变化。当隐含波动率开始上升时，虚值期权的 gamma 提高，变得更像平值期权（平值期权的 gamma 最大）。当隐含波动率足够高，这些期权实际上已经变得非常像平值期权时，它们的 gamma 将随着隐含波动率提高而下降。

如果感到困惑，可以这么思考。波动率上升时，深虚值期权的 gamma 增加，直到它们不再是深虚值期权。

为何需要加权期权投资组合

2010 年 12 月 29 日，马克·塞巴斯蒂安在他的 OptionPit.com 博客中写道：

在内心深处，我觉得自己是场内交易者。这也是为什么当我看到有些人交易时不考虑接下来要讲的权重概念，会很生气。

当我是场内交易者时，我所在的小组互相交易 SPX，SPZ，ES，DJX，DIA 和其他指数期权。毋庸置疑，这是个复杂的过程。为了让交易更加恰当，我们需要"加权"delta 和 gamma。在将组合中的希腊值加总时，我们不怎么考虑 vega 和 theta（管理 vega 的相关措施曾经有很多，但几乎没有与 theta 相关的）。为什么我们需要为 delta 和 gamma 做很多事情，但 vega 和 theta 几乎不需要呢？答案在于 delta 的定义。

delta 代表期权价格与标的产品波动 1 点之间的关系。1 点波动是陈述中的重点。标的产品 1 点波动可以代表很多意思。IBM 股票上涨

1美元,交易者会留意到吗?很可能不会!如果福特股票上涨1美元,交易者会留意到吗?当然会。IBM中的1美元略高于价格的0.5%,福特的1美元则相当于其价格的6%!股票交易者认为,IBM 1美元波动远小于福特1美元波动。

这些为什么重要呢?因为很多交易者学会以百分比思考(很多策略也是以这种方式设计)。持有的投资组合中福特表现优于IBM会如何(我承认这是一个奇特的投资组合)?我的"配对"交易卖出100股IBM,买入100股福特,接着福特上涨5%,IBM上涨2%,可以盈利吗?不可以,我面临巨额亏损。

福特盈亏:

$$100 \times 16.75 \times 0.05 = +83.75$$

IBM盈亏:

$$-100 \times 146.52 \times 0.02 = -293.04$$

恭喜自己判断正确,但请对我没有根据价格分配股票权重而喝倒彩吧。如果我希望投资组合有效,那么需要买入9倍于IBM的福特股票(如此,组合将盈利460.00美元)。在将SPY换成SPX的过程中,该理念更为显而易见。

当SPX上涨1.00,对指数的影响多大?基于目前交易者的反应,当SPX上涨不到2.00时会如何呢?没有影响!但在SPY上,1.00并不是可以忽视的标的波动,相当于0.8%(SPX是0.08%)。因此,卖出1 000张delta为30的SPY认购期权,无须多虑,这相当于卖出100

张 SPX 对应期权。

当讨论 OEX 和 SPX 时，每张 SPX 期权相当于 2.23 张 OEX 期权、11 张 DIA 期权，略低于 10 张 SPY 期权。在不考虑 delta 风险下，理解合约对应标的规模是持有均衡投资组合的关键。因此请记住，规模在交易中非常重要！

倒卖 gamma 获利策略

2010 年 10 月 27 日，马克·塞巴斯蒂安在他的 OptionPit.com 博客中写道：

经常有人问我，**如何利用 gamma 获利**？令人惊讶的是，这个问题很难回答。做市商交易时，很少有约束。想要卖出股票以对冲是很简单的。停止股票买入执行系统，并卖出持有的标的股票。如果希望避免 gamma 影响，可以交易一定范围内的任一期权。如果认为用 2012 年 1 月期权以对冲近月反向价差更有盈利优势，我会这么做。用认沽期权对冲认购期权，或者用认购期权对冲认沽期权，都没有问题。散户缺少交易和执行许多对冲策略的能力。如何对冲是关键。在众多 gamma 获利方式中，我只教学生两种方式。一种我称其为"**为损耗付费**"，适合很活跃的交易者；另一种是"**delta/gamma 比率对冲**"，适合不那么活跃的交易者。

为损耗付费

我刚开始教 gamma 获利策略时，只教一种方式，那就是"**为损耗**

付费"。这种获利方法需要高强度复杂的操作,因此比起散户,更适合全职交易者。所有交易者都应该理解这种方式。

利用头寸 theta 计算每日时间成本。也就是说,通过斜率变化公式计算标的变化量,而"为损耗付费"。

以 10/16/09 的跨式为例,gamma 正值 8.25,theta 负值 6.09。引入 7/5*6.09(7/5 是将周末的损耗也纳入考虑)。gamma 作为曲线的斜率变化。需要求解的变量是价格的变化。公式如下:

$$\frac{7}{5} \times \text{theta} = 0.5 \times \text{gamma} \times X^2$$

求解 X:

$$X = \text{SQRT}\left(\frac{7/5 \times \text{theta}}{0.5 \times \text{gamma}}\right)$$

简化后:

$$X = \text{SQRT}\left(2.8 \times \frac{\text{theta}}{\text{gamma}}\right)$$

求解本例:

$$X = \text{SQRT}\left(2.8 \times \frac{6.09}{8.25}\right) = 1.437\,67 \text{(美元)}$$

SPY 需要波动 1.44 美元,才能够弥补每日 theta 损耗。每天早上,损耗和 gamma 变化时,公式将给出新的对应数值(两个值将变得更大)。这个方法面临的主要抱怨是,有其他"正式"工作的交易者可能无法每天计算。公式本身也有更大的问题：

公式没有回答何时调整。

我的大多数学生认为他们应该将获利点设定在前日收盘价波动 1.43 美元的价位。并非如此！将获利点设置得太远，三天才会发生一次。

就个人而言，我建议设置在要求波动范围的 50%，卖出所有持仓。当价格回到原来水平时，再买回。如此就有两次，每次 72 美分波动的获利。我需要执行两次这种获利方式，要么完成两次标的同向波动 72 美分的交易回合，要么完成向上波动与向下波动各 1 次的交易回合。

当日结束交易前，平仓所有头寸。

当标的跳动超过公式要求的波动幅度时，卖出所有持仓（如果认为行情会持续，则至少卖出 75% 的持仓）。

如果标的达到获利点，并且继续朝该方向波动，将该获利点作为新的交易起点。该方法需要下很多功夫。而且当标的波动很大时，会觉得很沮丧（老实说，如果感觉到价格的动量，我会用追踪止损替代）。这种获利方式，肯定可以弥补一定比例的损耗。比起将获利点设在很远的 1.43 美元，你会惊奇地发现这种方式更可能弥补损耗。

为什么？波动率预测价格波动，而非方向。

在距离更近的价位上比在较远价位上操作更容易获取 gamma 上的盈利。当我在场内交易太阳微系统公司（Sun Microsystems）时，一天可以 10 到 30 次如此倒卖获利。当天结束交易时，即便 SUNW（太阳微系统公司旧的代码）的价格不变，我已经赚到几千美元。gamma 多头策略更妙的事情是，它能够让你更多地进出获利。

"为损耗付费"的方法需要频繁交易，非常复杂。除此之外，gamma 和 theta 一直在变动。因此，交易者如果没有时间实时盯盘，会面临很大的问题。

作为讲师我非常想帮助自己的学生交易跨式期权，我首先问自己："散户如何交易跨式呢？"

这让我想起还是场内交易者的时候。任何时候，我都管理着 60 个头寸。

我有大概 10 只基础股票需要持续关注和操作。然后，还有 5 到 10 只股票可能不时有热度。对于那些横盘的 40 只股票，我并没有时间坐在那儿用"为损耗付费"公式不断交易。实际上，我在小头寸上有另外的方法。

根据市场和个股的波动程度，我以 delta/gamma 比率来交易。我基本上依次交易大多数股票。

当 delta 与 gamma 相等时，我会让 delta 更为平坦。

一开始我会觉得这种做法似乎有些武断。但当仔细思考后，就不这么觉得了。希腊值都是互相关联的。当其中一个希腊值，比如 delta，很明显变为主导的希腊值时，直觉上应该降低其带来的风险（用模型验证肯定正确，但我将通过实例证明）。

通过交易 delta/gamma 比率可以达成目的，而不用强迫交易者整天坐在电脑前。

早上，向上移动价格，直到 delta 等于 gamma。在此价位上设置预警。然后向下移动价格，类似地设置预警（如果用的是股票价格，而不是期权价格，那么可以考虑在那些价位上预埋一笔小订单）。对于更小的头寸，或者交易趋势的股票，由于佣金影响或者想从股价动量中获利，我建议用更大一些的比率。

gamma 获利策略真的不适合大部分散户，除非他们对交易机制有很强的理解，并且在想要持有标的多头上有非常清晰的理由。

合适的操作是：

- 降低损益波动。
- 减少 theta 损耗痛苦。这会让你在等待策略起效时更有耐心。

当然现在是在回溯交易，但我尽量避免做事后诸葛亮，避免只是将获利点放在现在看来是盈利的位置。根据头寸大小，我设定了 2 比 1 的比率。最后认购和认沽期权上获得好几次盈利。需要注意的一点是：

运用期权实施 gamma 获利策略，不管跨式期权的月份在何处，其中的近月期权要用于对冲。

为什么？

因为近月期权的 delta 是最"纯粹"的（这些期权的 vega 最小）。

如果头寸较大，深度实值的认购期权和认沽期权可以像股票一样有效。例中的头寸较小，采用近月虚值期权来调整 delta。这并不是管理 delta 的理想做法，但我必须将手中的牌打好。因此，采用对角组合反复交易，平仓时的盈利略小于裸跨式期权，但损益波动更小，不会像裸期权的风险那么大。

交易总结

Posn Type	Underly Symbol	Symbol	Type	Open Date	Close Date	Posn	Open Price	Close Price	Commis on Open	Commis on Close	Total Commis	Open Cost (Proceeds)	Close Proceeds (Cost)	Gain (Loss)
Comb	SPY	SWGLD	O	10/16/09	11/08/09	+1								
	SPY	SWGXD	O	10/16/09	11/08/09	+1								
	SPY	SPYKK	O	10/20/09	10/27/09	-1								
	SPY	SWGWV	O	10/27/09	10/28/09	-1								
	SPY	SWGWX	O	10/28/09	10/29/09	-1								
	SPY	SWGWS	O	10/29/09	10/30/09	-1								
	SPY	SWGWW	O	10/30/09	10/30/09	-1								
	SPY	SWGWX	O	10/30/09	11/05/09	-1								
	SPY	SWGWT	O	11/05/09	11/08/09	-1	1.03	0.91	0.00	0.00	0.00	47.00	59.00	12.00

资料来源：OptionVue6。

交易细节

	Date	Time	Code	Qty	Symbol	Type	Price	Commis	Net	R	Desc
1.	10/16/09	11:00	Buy	1	SWGLD	O	4.05	0.00	-405.00	A	SPY Dec108 call
2.	10/16/09	11:00	Buy	1	SWGXD	O	3.90	0.00	-390.00	A	SPY Dec108 put
3.	10/20/09	09:00	Sel	1	SPYKK	O	0.56	0.00	56.00	A	SPY Nov115 call
4.	10/27/09	09:00	Buy	1	SPYKK	O	0.14	0.00	-14.00	A	SPY Nov115 call
5.	10/27/09	09:00	Sel	1	SWGWV	O	0.76	0.00	76.00	A	SPY Nov100 put
6.	10/28/09	15:00	Buy	1	SWGWV	O	1.29	0.00	-129.00	A	SPY Nov100 put
7.	10/28/09	15:00	Sel	1	SWGWX	O	1.78	0.00	178.00	A	SPY Nov102 put
8.	10/29/09	15:00	Sel	1	SWGWS	O	0.39	0.00	39.00	A	SPY Nov97 put
9.	10/29/09	15:00	Buy	1	SWGWX	O	0.95	0.00	-95.00	A	SPY Nov102 put
10.	10/30/09	12:00	Buy	1	SWGWS	O	0.87	0.00	-87.00	A	SPY Nov97 put
11.	10/30/09	12:00	Sel	1	SWGWW	O	1.63	0.00	163.00	A	SPY Nov101 put
12.	10/30/09	15:00	Buy	1	SWGWW	O	1.79	0.00	-179.00	A	SPY Nov101 put
13.	10/30/09	15:00	Sel	1	SWGWX	O	2.08	0.00	208.00	A	SPY Nov102 put
14.	11/05/09	15:00	Sel	1	SWGWT	O	0.28	0.00	28.00	A	SPY Nov98 put
15.	11/05/09	15:00	Buy	1	SWGWX	O	0.65	0.00	-65.00	A	SPY Nov102 put
16.	11/08/09	00:43	Buy	1	SWGWT	O	0.16	0.00	-16.00	A	SPY Nov98 put
17.	11/08/09	00:43	Sel	1	SWGLD	O	2.59	0.00	259.00	a	SPY Dec108 call
18.	11/08/09	00:43	Sel	1	SWGXD	O	3.85	0.00	385.00	a	SPY Dec108 put

资料来源：OptionVue6。

2009年10月16日 上午11:00

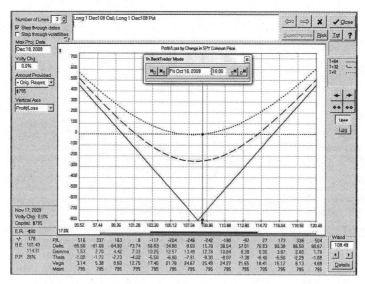

资料来源：OptionVue6.

2009年10月20日 上午9:00

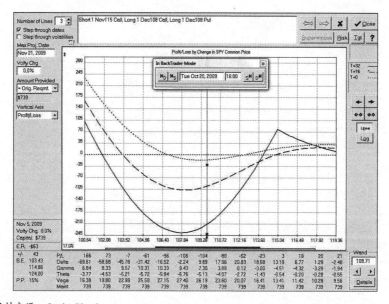

资料来源：OptionVue6.

2009年10月27日 上午9:00

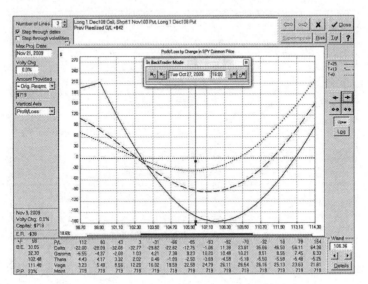

资料来源：OptionVue6.

2009年10月28日 下午3:00

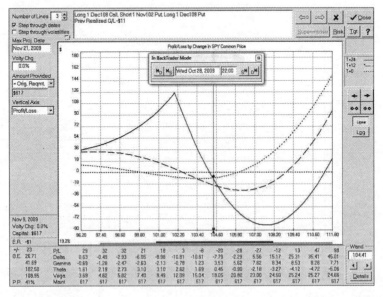

资料来源：OptionVue6.

2009年10月29日 下午3:00

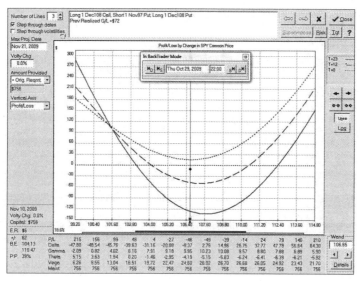

资料来源:OptionVue6.

2009年10月30日 中午12:00

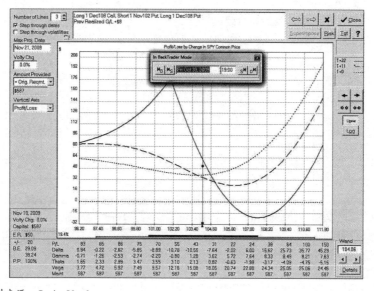

资料来源:OptionVue6.

2009年10月30日 下午3:00

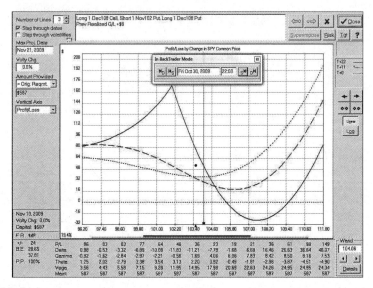

资料来源：OptionVue6.

2009年11月5日 下午3:00

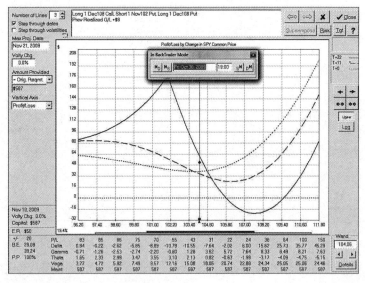

资料来源：OptionVue6.

为何期权交易 delta 时需要考虑加权 gamma，而不是 theta 和 vega 呢？

大多数期权交易者能够获知 delta，以及其加权系数。gamma 似乎不一样；经常有学生不能完全掌握 gamma 运作的机理，特别是在需要比较类似 SPY 和 SPX 的产品时。撇开 delta 的衡量，衡量 gamma 应该轻而易举。

回到 SPY 与 SPX 上，可以清楚看出，以百分比计算波动程度时，gamma 的重要性。SPY 下跌 3 美元，从 126 到 123 时，下跌比率是多少？ 3/126，约为 3%。日内股价下跌这么多是比较深的。126 行权价格的期权 delta 值将从 50 下降 30～40 的范围，下降约 15 个 delta 值，对应 gamma 约为 5。

SPX 下跌 3 美元，相当于 SPX 从 1 260 到 1 257，并不怎么引人注意。1 260 行权价的期权 delta 值则从 50 变为 48.5。对应的 gamma 则是 0.3。 同样的点数波动，非常不一样的 delta 影响。原因在于，标的百分比变化。3 点波动，在 SPX 上约 0.25%，在 SPY 上约 2.5%。

gamma 总是设定标的 1 点波动对应的值，无论标的价位是多少。可能令人困惑但有效，因为如果 SPY 下跌 3，SPX 下跌肯定不是 3，而是 30！如此，两者的 delta 变化才能匹配。

SPY：3 × 5=15 deltas
SPX：30 × 0.5=15 deltas

标的价格波动已经加权，因此 gamma 不用再加权！

Vega 和 Theta

这两者可以快速简单处理。theta 和 vega 直接与期权权利金相关，而不是标的产品。这个特性可用于交叉对冲。例如，卖出 3 000 权利金、还有 30 天到期的 SPY 或 SPX，那么无论哪一产品，这 3 000 的权利金都会在 30 天内损耗完。SPY 可能需要更多张合约，以便达到相同的权利金，也是相同的 theta（SPY 的到期日应该一致）。无论卖出哪一产品，theta 都是如此。

这个特性下，如果卖出 3 000 美元的权利金，相当于相同规模的 vega 空头，或称波动率风险敞口。如果 SPY 的隐含波动率上升 1 点，或者 SPX 的隐含波动率上升 1 点，面临的损失是一样的。无论哪一产品，vega 都是如此。

希望以上内容能让你更清晰地理解这两个希腊值。

| 第 15 章 |

开　端

首先要告诉大家一个消息。这一章本应该是最后的章节,但其实并非如此。正如迪士尼电影《玩具总动员》中,巴斯光年(Buzz Lightyear,电影中的人物)所说:飞向宇宙浩瀚无垠!这只是本书的最终章,但并不是你开始一人保险公司的最终章。要建立自己的期权投资组合或对冲基金,就不能停止学习。本书只是你通往成功的期权事业道路上,读到的其中一本书而已。

要建立自己的基金,必须掌握期权交易者对冲基金价值链上的所有基础和支持性功能。确保你理解并能够进行如下操作:

- 交易选择。
- 风险管理。

- 交易执行。

同时，确保支持功能已就位：

- 交易计划。
- 交易基础设施。
- 学习流程。

理解波动率并利用它获得交易优势。读取波动率应该像读取车速里程表那么自如。首先你要学习所有不同的期权策略，然后选择适合你的策略，最后，就像空手道大师，你会掌握所有的策略。但是，随着学习的深入，你会发现80%的情况下只会用到20%的策略。我们建议使用垂直价差、铁鹰式、蝶式、日历价差，还有比率价差。这些在期权交易者的对冲基金中运用最多。

图15-1是我们为期权交易者的对冲基金打造成TOMIC而搭建的框架。许多人认为很简单，并不是什么复杂的事情。但是大多数人都将这些思想撇在一边，并没有遵循。这项事业并不适合所有人。希望你抽出时间阅读并购买本书。如果希望像TOMIC那么投资，但又不愿为此工作，那么可以寻找类似投资理念的基金公司，将投资交给这些公司。如果选择自己建立TOMIC，提前祝贺你，选择了少有人走的道路。

成立期权交易者的对冲基金需要很多努力。丹尼斯创立并持续发展Smart Income Partners, Ltd.时，做了很多聪明的工作，如制定准则和承诺。马克不断挑战理解和运用波动率盈利的极限。遵循准则，参考书中指南，将本书作为道路中的一系列路标。但要记住，道路一直往前延伸，而每个人的路都不一样。每一位读者都有自己独特的路，拥有不一样的视角。因此，你盈利的途径跟别人的途径可能不同。实际上，我们（丹尼斯和马克）也有不同的交易方式，但我们的目标一致，即持续盈利。

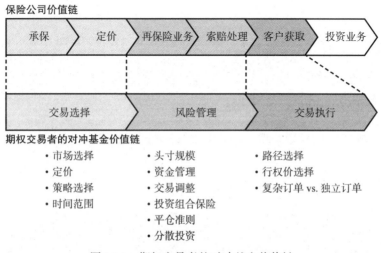

图 15-1　期权交易者的对冲基金价值链

这是 TOMIC 交易者旅途的开始。再次祝贺。不要停止学习和提高技能。沿着持续盈利的道路前进。

| 附录 A |

推荐读物

学生经常问到的一个问题是:"学习期权交易,最好的书是哪一本呢?"这个问题很好。市面上有太多书号称自己是最好的期权书。但实际上,十有八九都没有用。以下是马克推荐的书,里面的理论知识足够让你成为高阶的期权交易者。

阶段 1:新手

《期权新手指南》(*The Rookie's Guide to Options*),作者是马克·D. 沃尔芬格(Mark D. Wolfinger)。此人脾气有些急躁,但他其实很热心肠。为了帮助刚开始交易期权的人,他写了这本很棒的初学者用书。还有其他适合期权新手的书,罗素·罗兹(Russell Rhoads)的《期权价差交易》（Option Spread Trading）和杰姆斯·比德曼（Jim Bittman）的《股票投资者的期权交易》（Options for the Stock Investor）都不错。如果只选一本的话，我推荐马克·D. 沃尔芬格的书。

阶段2：准备模拟交易

杰姆斯·比德曼的《专业期权交易》（Trading Options as a Professional）比初级书籍的数理性更强，但比高阶书籍简单一些。总的来说，是一部颇具指导性、行文优美的佳作。我们还没有看到过其他的中阶书籍可以媲美这本书。杰姆斯·比德曼在这方面非常出色。还有一本我们喜欢的书是亚当·华纳（Adam Warner）的《期权波动率交易》（Options Volatility Trading）。这个领域非常难以阐述，但这两位作者都非常出色。

阶段3：准备交易

谢尔登·纳坦恩伯格（Sheldon Natenberg）的《期权波动率与定价》（Option Volatility and Pricing）被大多数专业交易者视为期权圣经，是最好的较高阶期权书。每一位交易者的书架上都应该有这本书。它也是最接近教科书的书，但其实并不是教科书。另外一本是劳伦斯·麦克米伦（Larry McMillan）的《期权投资策略》（Option as a Strategic Investment）。如果交易者需要再买一本书，我推荐这两本书二选一。

阶段4：高阶与数理

纳西姆·塔勒布（Nassim Taleb）的《动态对冲》（Dynamic Hedging）

对期权交易的细节描述更多，比他之后出版的书更少一些说教。如果想要深入理解波动率的概念，可以参考此书。实际上这是一本数理书。这个层级上，我们也推荐杰夫·奥根（Jeff Augen）的《期权交易者手册》（*The Option Trader's Workbook*）。此书将帮助你运用所学到的期权知识。

还有一些书不适合归类到以上任一阶段的兴趣读物，但可以作为补充阅读。杰夫·奥根写的其他书都非常适合。贾里德·伍达德（Jared Woodard）的书只要出版，我们都觉得会是一本好书。查尔斯·科特尔（Charles Cottle）最近的一些书也有极大的阅读价值。但是，读完麦克米伦或纳坦恩伯格的著作后，才适合阅读这些。

其他可能有用的书籍

以下是丹尼斯推荐的书，有助于拓宽投资视野：

彼得·伯恩斯坦（Peter Bernstein）的《与天为敌：风险探索传奇》（*Against the Gods: The Remarkable Story of Risk*）讲述了风险管理从古到今的历史。

彼得·林奇（Peter Lynch）的《彼得·林奇的成功投资》（*One Up on Wall Street*），股票投资的经典著作。

埃德文·拉斐尔（Edwin Lefevre）的《股票大作手回忆录》（*Reminiscences of a Stock Operator*）是专业投资者的必读之书，非常经典。

迈克·马丁（Michael Martin）的《交易的心声》（*The Inner Voice*

of Trading)。

罗伯特·A. 格林（Robert A. Green）的《交易者税收指南》（*The Tax Guide for Traders*），在美国纳税的期权或期货交易者值得一读。

亚历山大·埃尔德博士（Dr. Alexander Elder）的《以交易为生》（*Trading for a Living*）。

亚历山大·埃尔德博士的《走进我的交易室》（*Coming into My Trading Room*），一本汇集了交易过程中各种事例的范本。

塞巴斯蒂安·马拉比（Sebastian Mallab）的《比上帝有钱》（*More Money Than God*），讲述了对冲基金的历史。

布里特·N. 斯蒂恩博格（Brett N. Steenbarger）的《每日交易心理训练》（*The Daily Trading Coach*），关于交易心理的一本好书。

约翰·W. 拉布泽斯基等人（John W. Labuszewski, John E. Nyhoff, Richard Co, and Paul E. Peterson）著述的《CME 风险管理手册》（*The CME Group Risk Management Handbook*），不错的参考书籍。

马克·道格拉斯（Mark Douglas）的《交易心理分析》（*Trading in the Zone*）。

艾丽斯·施罗德（Alice Schroeder）的《滚雪球：巴菲特和他的财富人生》（*The Snowball: Warren Buffett and the Business of Life*）。

巴里·施瓦茨（Barry Schwartz）的《选择的悖论：用心理学解读人的经济行为》（*The Paradox of Choice: Why More is Less*）。

莫尼什·帕伯莱（Mohnish Prabai）的《憨夺型投资者》（*The Dhandho Investor*）。

迈克尔·卡沃什（Michael W. Covel）的《趋势跟踪》（*Trend Following*）。

本杰明·格雷厄姆（Benjamin Graham）的《聪明的投资者》（*The Intelligent Investor: The Definitive Book on Value Investing*）。

劳伦斯·冈萨雷斯（Laurence Gonzales）的《深度生存：谁活着、谁死亡、为什么》（*Deep Survival: Who Lives, Who Dies, and Why*）。

| 附录 B |

策略学习顺序

表 B-1 展示了学习不同策略的顺序。

表 B-1 策略形成：P= 熟练，E= 精通

	阶段 0：初级	阶段 1：中级	阶段 2：半职业级	阶段 3：职业级
买入认沽期权	P	E	E	E
买入认购期权	P	E	E	E
备兑期权	P	E	E	E
保护性认沽期权	P	P	E	E
卖出认沽期权		P	E	E
卖出认购期权			P	E
跨式期权（买入/卖出）			P	E
宽跨式期权（买入/卖出）			P	E
垂直价差（买入/卖出）	P	E	E	E
日历价差（买入）		P	E	E
日历价差（卖出）			P	E

（续）

	阶段0：初级	阶段1：中级	阶段2：半职业级	阶段3：职业级
比率价差			P	E
铁鹰式		P	E	E
铁蝶式		P	E	E
对角期权组合			P	E
双对角期权组合			P	E
双重期权日历			P	E

虽然可以按任何顺序学习所有不同的策略，但我建议根据交易复杂程度，按照推荐的顺序学习。就像学习空手道那样，从零基础的白带开始，随着技能的提升，慢慢上升到不同颜色的带段，最后到黑带。然而，以终为始，黑带上还有不同的级别，训练只是刚刚开始。

如果需要每个策略更详细的描述，请参考罗素·罗兹的《期权价差交易》。

| 附录 C |

OptionPit.com

Option Pit 网站专注于为全职的专业交易者和高净值交易者提供全方位的期权教育资源。我们帮助期权交易者理解交易的关键技能和技巧,学费也不至于掏空你们的钱包。从我们项目毕业的学生,对自己交易期权的能力更有信心。

我们提供了一系列性价比高的月报服务、教学课程以及定制课程。

1. 订阅服务,Option Pit Live,提供了资讯服务和每日市场评论,是将教学和可行性想法结合在一起的内容,很有价值。

2. 银牌课程,是专业交易者第一个月训练时必须了解的基础概念(大部分散户都不了解)。可能很多有经验的交易者也未必完全清楚这些概念。银牌课程能够让交易者掌握扎实的期权基础。

3. 金牌课程，是性价比最高的课程。金牌课程里的内容是任何交易公司都必须掌握的。课程内容紧凑而有挑战性，是值得一试的在线课程。它能够让交易者不在活跃交易中亏损。

4. 铂金课程涵盖银牌和金牌课程的所有内容，是活跃交易前需要知道的所有知识。额外还有 3 个月的 OP Live 以及与我们员工至少 7 小时的一对一交流服务，保证期权交易者在不玩小伎俩的情况下获得成功。交易者将可以在各种市场中获利，无论是相对平稳的市场，还是高波动的市场。

5. 专业交易者俱乐部为专业交易者提供了所有他们用以提高投资回报率（ROI）的内容。它提供了利用组合保证金提高回报率的项目，是市场上唯一提供这类服务的项目。它将教会你在交易中三维思考。课程还包括进入专业交易者俱乐部，获取实时信息，参加每周会议以及获得软件的优惠报价。

我们的项目基于三大支柱以成就成功的专业期权交易者：交易结构、风险管理、有效利用资金。拨打电话 888-TRADE-01（872-3301）或者浏览我们的期权交易者教学网站 www.optionpit.com。

| 附录 D |

风筝价差

　　风筝价差包括买入行权价格低于原价差空头行权价格的期权，卖出更多的原价差（以更高的价格），以支付买入期权部分的费用。通常来讲，卖出期权获得的收入至少能够覆盖一半以上买入期权部分的成本。这个组合类似比率价差，但 vega 和 gamma 更低。图 D-1 是认购期权贷方价差，以及加上风筝价差调整后的图（即 1 390 价格上，跟风筝形状相似的那一点）。

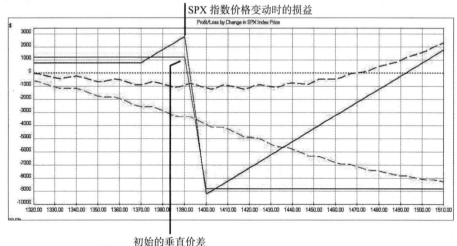

图 D-1　经风筝价差调整后认购期权垂直贷方价差的风险预测图
资料来源：OptionVue6.

优点

此交易是 gamma 多头，当标的上涨导致 vega 空头时，则与比率价差非常类似。

随着时间流逝，持仓将变得更加 gamma 多头，并持续对冲头寸。

相对而言，该期权组合并不昂贵，但可以有效对冲，并且获得可预测的盈利。

增加或减少头寸时，风险不会随之增加。

缺点

在某一"痛点"上，此交易将亏损。

保证金增加了。

gamma 增加不多。

鹰式的下行方向几乎不可能盈利。组合依赖认购期权的垂直偏度，以让认购价差有足够的收入。

操作

买入低于目前价差行权价格的 1 份认购期权。

卖出 2 至 3 份认购价差。图 D-2 中，我们买入 1 份 1 370 认购期权，卖出 3 份 1 390/1 400 认购期权价差。

	MktPr	MIV	Trade	Ex.Pos	Vega	Delta
1430 calls						
1420 calls	1.70	20.5%			53.8	6.92
1410 calls	2.30	20.7%			62.0	8.27
1400 calls	3.20	21.2%	+3	+10	70.8	10.0
1390 calls	4.40	21.6%	-3	-10	80.1	11.8
1380 calls	5.80	22.1%			89.8	14.1
1370 calls	7.70	22.6%	+1		99.7	16.4
1360 calls	9.90	23.1%			110	19.2
1350 calls	12.70	23.8%			119	22.0
1340 calls	15.80	24.4%			129	25.3

图 D-2　风筝价差操作

资料来源：OptionVue6.

建仓后，保留头寸直到全部平仓。风筝价差是一种便宜的调整策略，因此可以在整个交易中一直持有。

推荐阅读

序号	中文书号	中文书名	定价
1	69645	敢于梦想：Tiger21创始人写给创业者的40堂必修课	79
2	69262	通向成功的交易心理学	79
3	68534	价值投资的五大关键	80
4	68207	比尔·米勒投资之道	80
5	67245	趋势跟踪（原书第5版）	159
6	67124	巴菲特的嘉年华：伯克希尔股东大会的故事	79
7	66880	巴菲特之道（原书第3版）（典藏版）	79
8	66784	短线交易秘诀（典藏版）	80
9	66522	21条颠扑不破的交易真理	59
10	66445	巴菲特的投资组合（典藏版）	59
11	66382	短线狙击手：高胜率短线交易秘诀	79
12	66200	格雷厄姆成长股投资策略	69
13	66178	行为投资原则	69
14	66022	炒掉你的股票分析师：证券分析从入门到实战（原书第2版）	79
15	65509	格雷厄姆精选集：演说、文章及纽约金融学院讲义实录	69
16	65413	与天为敌：一部人类风险探索史（典藏版）	89
17	65175	驾驭交易（原书第3版）	129
18	65140	大钱细思：优秀投资者如何思考和决断	89
19	64140	投资策略实战分析（原书第4版·典藏版）	159
20	64043	巴菲特的第一桶金	79
21	63530	股市奇才：华尔街50年市场智慧	69
22	63388	交易心理分析2.0：从交易训练到流程设计	99
23	63200	金融交易圣经II:交易心智修炼	49
24	63137	经典技术分析（原书第3版）（下）	89
25	63136	经典技术分析（原书第3版）（上）	89
26	62844	大熊市启示录：百年金融史中的超级恐慌与机会（原书第4版）	80
27	62684	市场永远是对的：顺势投资的十大准则	69
28	62120	行为金融与投资心理学（原书第6版）	59
29	61637	蜡烛图方法：从入门到精通（原书第2版）	60
30	61156	期货狙击手：交易赢家的21周操盘手记	80
31	61155	投资交易心理分析（典藏版）	69
32	61152	有效资产管理（典藏版）	59
33	61148	客户的游艇在哪里：华尔街奇谈（典藏版）	39
34	61075	跨市场交易策略（典藏版）	69
35	61044	对冲基金怪杰（典藏版）	80
36	61008	专业投机原理	99
37	60980	价值投资的秘密：小投资者战胜基金经理的长线方法	49
38	60649	投资思想史（典藏版）	99
39	60644	金融交易圣经：发现你的赚钱天才	69
40	60546	证券混沌操作法：股票、期货及外汇交易的低风险获利指南（典藏版）	59
41	60457	外汇交易的10堂必修课（典藏版）	49
42	60415	击败庄家：21点的有利策略	59
43	60383	超级强势股：如何投资小盘价值成长股（典藏版）	59
44	60332	金融怪杰：华尔街的顶级交易员（典藏版）	80
45	60298	彼得·林奇教你理财	59
46	60234	日本蜡烛图技术新解（典藏版）	60
47	60233	股市长线法宝（典藏版）	80
48	60232	股票投资的24堂必修课（典藏版）	45
49	60213	蜡烛图精解：股票和期货交易的永恒技术（典藏版）	88
50	60070	在股市大崩溃前抛出的人：巴鲁克自传（典藏版）	69
51	60024	约翰·聂夫的成功投资（典藏版）	69
52	59948	投资者的未来（典藏版）	80
53	59832	沃伦·巴菲特如是说	59
54	59766	笑傲股市（原书第4版.典藏版）	99

推荐阅读

序号	中文书号	中文书名	定价
55	59686	金钱传奇：科斯托拉尼的投资哲学	59
56	59592	证券投资课	59
57	59210	巴菲特致股东的信：投资者和公司高管教程（原书第4版）	99
58	59073	彼得·林奇的成功投资（典藏版）	80
59	59022	战胜华尔街（典藏版）	80
60	58971	市场真相：看不见的手与脱缰的马	69
61	58822	积极型资产配置指南：经济周期分析与六阶段投资时钟	69
62	58428	麦克米伦谈期权（原书第2版）	120
63	58427	漫步华尔街（原书第11版）	56
64	58249	股市趋势技术分析（原书第10版）	168
65	57882	赌神数学家：战胜拉斯维加斯和金融市场的财富公式	59
66	57801	华尔街之舞：图解金融市场的周期与趋势	69
67	57535	哈利·布朗的永久投资组合：无惧市场波动的不败投资法	69
68	57133	憨夺型投资者	39
69	57116	高胜算操盘：成功交易员完全教程	69
70	56972	以交易为生（原书第2版）	36
71	56618	证券投资心理学	49
72	55876	技术分析与股市盈利预测：技术分析科学之父沙巴克经典教程	80
73	55569	机械式交易系统：原理、构建与实战	80
74	54670	交易择时技术分析：RSI、波浪理论、斐波纳契预测及复合指标的综合运用（原书第2版）	59
75	54668	交易圣经	89
76	54560	证券投机的艺术	59
77	54332	择时与选股	45
78	52601	技术分析（原书第5版）	100
79	52433	缺口技术分析：让缺口变为股票的盈利	59
80	49893	现代证券分析	80
81	49646	查理·芒格的智慧：投资的格栅理论（原书第2版）	49
82	49259	实证技术分析	75
83	48856	期权投资策略（原书第5版）	169
84	48513	简易期权（原书第3版）	59
85	47906	赢得输家的游戏：精英投资者如何击败市场（原书第6版）	45
86	44995	走进我的交易室	55
87	44711	黄金屋：宏观对冲基金顶尖交易者的掘金之道（增订版）	59
88	44062	马丁·惠特曼的价值投资方法：回归基本面	49
89	44059	期权入门与精通：投机获利与风险管理（原书第2版）	49
90	43956	以交易为生II：卖出的艺术	55
91	42750	投资在第二个失去的十年	49
92	41474	逆向投资策略	59
93	33175	艾略特名著集（珍藏版）	32
94	32872	向格雷厄姆学思考，向巴菲特学投资	38
95	32473	向最伟大的股票作手学习	36
96	31377	解读华尔街（原书第5版）	48
97	31016	艾略特波浪理论：市场行为的关键（珍藏版）	38
98	30978	恐慌与机会：如何把握股市动荡中的风险和机遇	36
99	30633	超级金钱（珍藏版）	36
100	30630	华尔街50年（珍藏版）	38
101	30629	股市心理博弈（珍藏版）	58
102	30628	通向财务自由之路（珍藏版）	69
103	30604	投资新革命（珍藏版）	36
104	30250	江恩华尔街45年（修订版）	36
105	30248	如何从商品期货贸易中获利（修订版）	58
106	30244	股市晴雨表（珍藏版）	38
107	30243	投机与骗局（修订版）	36

期权投资策略

书名	作者	ISBN	价格
期权投资策略（原书第5版）	（美）劳伦斯 G. 麦克米伦	978-7-111-48856-9	169.00元
期权波动率与定价：高级交易策略与技巧（原书第2版）	（美）谢尔登·纳坦恩伯格	978-7-111-58966-2	128.00元
麦克米伦谈期权（原书第2版）	（美）劳伦斯 G. 麦克米伦	978-7-111-58428-5	120.00元
波动率交易：期权量化交易员指南（原书第2版）	（美）尤安·辛克莱	978-7-111-56517-8	69.00元
期权波动率交易策略	（美）谢尔登·纳坦恩伯格	978-7-111-48463-9	45.00元
高胜率期权交易心法	蒋瑞	978-7-111-67418-4	49.00元
期权入门与精通（原书第2版）：投机获利与风险管理	（美）W. 爱德华·奥姆斯特德	978-7-111-44059-8	49.00元
走进期权(原书第2版)	（美）迈克尔·辛西尔	978-7-111-50652-2	59.00元
商品交易之王	（美）凯特.凯利	978-7-111-50753-6	59.00元
奇异期权	张光平	978-7-111-47165-3	200.00元
期权交易实战一本精	陈松男	978-7-111-51704-7	59.00元